我们一起解决问题

裂变式增长

企业平台化转型方法与工具

吕谋笃 著

人民邮电出版社
北京

图书在版编目（CIP）数据

裂变式增长：企业平台化转型方法与工具 / 吕谋笃著. -- 北京：人民邮电出版社，2021.1
 ISBN 978-7-115-55192-4

Ⅰ. ①裂… Ⅱ. ①吕… Ⅲ. ①中小企业－企业发展－研究－中国 Ⅳ. ①F279.243

中国版本图书馆CIP数据核字(2020)第209802号

内 容 提 要

如今，"增长"已经成为很多企业最关注的话题，也是很多企业面临的最大难题。最近20年来，华为、腾讯等新一代企业巨头正是借助了平台化管理的优势，才实现了裂变式的扩张与增长。因此，要想实现裂变式增长，企业就必须进行平台化转型。

本书作者在多年实践经验的基础上，详细阐述了平台企业的方向选择、传统企业的组织结构改造、平台管理机制的构建、奋斗文化的养成、强势品牌的打造等内容，以指导企业在传统管理模式和思维下实现平台化转型与裂变式增长。

本书适合企业管理人员，营销、运营等方面的管理咨询师、培训师，以及高等院校相关专业的师生阅读。

◆ 著　　吕谋笃
　　责任编辑　王飞龙
　　责任印制　彭志环

◆ 人民邮电出版社出版发行　北京市丰台区成寿寺路11号
邮编 100164　电子邮件 315@ptpress.com.cn
网址 https://www.ptpress.com.cn
三河市中晟雅豪印务有限公司印刷

◆ 开本：720×960　1/16
印张：13.75　　　　　　　　　2021年1月第1版
字数：250千字　　　　　　　　2021年1月河北第1次印刷

定　价：69.80元

读者服务热线：(010) 81055656　印装质量热线：(010) 81055316
反盗版热线：(010) 81055315
广告经营许可证：京东市监广登字 20170147号

推荐序

读万卷书谋，行万里路笃

本书作者吕谋笃先生是多年前与我一起战斗和奋斗的合伙人、搭档与同事，他是正略咨询在2005年前后成长、成熟起来的那一拨合伙人中的佼佼者，是一个特立独行的"中国合伙人"。

在吕谋笃先生刚成为正略咨询合伙人时，我与他进行了一次单独交流。在谈到今后的职业生涯和个人生活时，谋笃表示他一定要从自己的内心出发，做自己想做的事，干自己喜欢干的活。

后来，谋笃告诉我，他在写一本关于管理实践的书，他要把他在正略十几年做管理咨询的思想和在企业做管理的实践加以概括提炼，总结记录下来，并让我帮他看看。可以想象，当我多年之后和一位老朋友见面时，听到这样的消息，内心会有怎样的震撼。顿时，眼前的吕谋笃先生显得既熟悉又陌生。

做战略咨询，难在落地执行；做管理咨询，难在把文字变为行动。在吕谋笃先生的这本新书中，每一节、每一章的背后，都是来自企业实践的理论升华。没有做过管理咨询、没有做过企业管理的人，可以在字里行间读出很多中国企业和中国管理的成败与得失。

做企业的人，最讲究的是干事和干活；再好的方案，如果不能落地、不能实施、不出成绩，那么也不会被中国企业所接受。做咨询的人，最大的挑战是执行和践行，最佳的战绩来自落地、来自口碑，不靠自吹，也不靠各种社会奖项有多少。谋笃以其过去人生历程的四分之一——大约十几年的知和行，写成了今天的这部著作。

大约在100年前，也就是20世纪的二三十年代，陶行知先生等一批优秀的中国有志青年，在中国社会上弘扬知行合一，践行知行合一。在100年之后的2020年，新一代中国有志者，如吕谋笃先生，在中国企业的管理上继续践行着中国读书人的优秀传统：知行合一。

读万卷书谋，行万里路笃。我为中国有这样的管理咨询践行佳作和一批代表人物而深感自豪。

感谢这个伟大的时代。

赵民
2020年12月24日
庚子年冬月初十
早上9:18
于温暖的阳光下

前言

从泰勒提出科学管理理论算起,企业管理科学已经发展了近 120 年。在这期间,管理学界分别从目标管理、分权管理、战略管理、企业文化管理等各个层面对企业管理进行了充分探索,研发了大量工具与模型,最终形成了以流水线为代表的工业逻辑管理体系。

我国现代企业管理理论的发展是以 1980 年中美合作举办的管理培训项目"中国工业科技管理大连培训中心"为起点的。在之后 40 年的发展过程中,西方管理科学的先进理念与管理思想不断被我国管理学界有选择地接纳、吸收和发展。我国企业的竞争力因此得到不断提升,逐渐成为全球制造大国。

截至目前,我国管理学仍以介绍西方理论为主。随着代表西方管理较高水平的 IBM、通用、宝洁、麦当劳、可口可乐等企业纷纷走向平稳发展,我国以华为、中建材、美的为代表的企业强势崛起。当下,我们该如何认识西方管理学,又该如何借鉴我国成功企业的管理经验呢?

管理变革：管理创新的必然

我国企业在走向世界的同时，也在树立我国企业的整体形象。

越来越多的外国人想买电器就会想到美的、格力、海尔；想买手机就会想到华为、小米、OPPO、vivo；想买快消品就会想到恒安、立白；想买运动服装就会想到安踏、李宁等。在未来十年，我们坚信这些中国企业将影响更多人的生活方式。

一个国家要想走向强盛，就必须有一定的理论支撑和技术基础。英国的快速发展，是在亚当·斯密《国富论》的市场理论及蒸汽机等一系列技术革命下获得的。以英国纺织工业为例，在人力成本高于印度6倍的背景下，英国通过生产技术创新，实现了纺织工业370倍的生产力提升。美国的快速发展，是在泰勒的科学管理理论启蒙下和在福特流水线等一系列技术革新下，打造出上百倍的生产力提升而获得的。同样，我们认为，我国要想成为世界强国，就一定要有对应的理论创新，以及至少几十倍的生产力提升。

"一带一路"倡议的提出，将构建出一个巨大的市场，并将促进我国管理科学的理论创新。关于技术革命，任正非在接受《经济学人》采访时表示，5G下的人工智能将大幅提升生产效率，在极端情况下，可提升百倍、千倍效率，如今大家对于这种效率的提升已普遍没有异议。

一旦我国企业具备了强大的影响力，对相应的企业管理理论也将产生巨大影响。因此，我国管理学的理论创新已蓄势待发，我国管理学者可以通过总结华为、美的、中建材、中粮的发展经验，真正承担起知识生产的责任，把我国企业的管理经验总结出来，并传递给全世界。

日本企业曾经给世人做了很好的示范，形成了大量的日本企业管理理论，如戴明质量管理、丰田模式、阿米巴经营、松下哲学等。

而理论发展的普遍规律在于，没有任何一种管理理论是一蹴而就的，都要经过几十年甚至上百年的沉淀，经过不断总结、不断否定的循环式发展才能成为一种公认理论。因此，我们的企业管理经验需要不断沉淀、积累与提升。

管理变革：管理的下一个方向

谁企业做得好，谁就代表管理的方向！

美国的管理模式来自福特、通用、IBM等世界级企业，丰田管理模式来自丰田，阿米巴管理模式来自京瓷、KDDI。未来，新的企业管理模式一定会来自华为、美的、中建材、中粮这些世界级中国企业。

就管理模式来看，这些成功的中国企业分为两类。

第一类是以中建材、阿里巴巴为代表的战略型企业。中建材前董事长宋志平在《经营方略》一书中，对其战略思考做了详尽的介绍。他在该战略思考的基础上进行了资源要素的组合，最终把一个将要破产的石膏板工厂经营为一家世界500强企业。

第二类是以华为、海尔等为代表的小组织创新企业。小组织的理论起源是自组织理论。自组织理论认为，按照相互默契的某种规则，各尽其责而又能自动形成有序结构的组织就是自组织。自组织具有开放性、远离平衡、非线性的特征；一个系统的自组织属性越强，其创新能力就越强。在实践中，华为的铁三角、海尔的自主经营体、百度的小团队制等，都是在自组织管理理念下进行的探索。

在以上两类企业管理模式中，战略属于管理艺术层面，成功学习复制的难度较大，而小组织的自组织理论则属于科学可复制层面，有着一定的相对优势。

另外，社会信息传播技术决定了社会组织的权力结构，当社会由垂直的福特工业信息传播模式向横向的社交网络自媒体转型后，社会组织结构将发生极为重大的变化。互联网企业是信息横向传播的发源地，它们也将顺势成为社会组织创新的先行者。从互联网企业的组织模式看，阿里巴巴、京东、腾讯都是"平台＋小组织"的组织模式，也正是这种模式使它们获得了巨大的竞争优势，享受到了创新红利。

随着5G、人工智能、大数据、物联网等信息技术的发展，小组织具备了巨大的能量，一般的企业级任务都可以由几人、几十人完成。我们相信，在这种信息技术的推动下，在我国企业自组织理论的支持下，在横向信息传播模式的影响下，传统企业组织模式的下一个方向将是"企业大平台＋业务小组织"。

管理变革：未来企业的画像

业务小型化是未来企业的新特征。

业务小型化并不是企业组织的小型化，而是在可以预见的未来，企业将转型为"企业大平台＋业务小组织"的模式。在新模式下，企业的规模将变得更加巨大，如互联网企业中的阿里巴巴、腾讯。

平台企业对企业资源的应用与传统企业有三点不同：①平台是开放的，可以调度全社会的资源，如滴滴的车辆资源、美团的餐饮服务资源、海澜之家的设计师资源；②平台员工是无边界的，如淘宝店主、美团骑手、滴滴司机；③平台业务强调与外部合作，如京东他营业务、菜鸟的四通一达配送服务。正是这种开放的资源整合模式，使平台企业不再受资源的限制，从理论上来说可以无限扩张。

平台企业的运作与传统企业也截然不同，平台企业要求服务提供者为消费者、供应商、产品提供 24 小时即时服务。这些服务全靠人工是无法完成的，只有在信息化、大数据、人工智能等技术的支撑下才能实现。因此，真正的平台企业都有一个强大的信息化系统，没有信息化系统支撑的平台企业都是伪平台企业。

同时，平台企业的管理模式也有所不同，传统企业中的授权管理、信任管理被弱化，平台上的社会性员工与社会性产品由于无法获得平台信任，将会以保证金的模式管理，然后再通过结果打分、投诉管理、过程控制等进行综合量化评价，这是平台企业运营管理的基本模式。

对平台企业真正有价值的资产是数据，有了数据就有了用户画像、供应商画像、产品画像，并可以通过消费场景对这三者进行关联。对平台企业的估值，将取决于该平台企业在经营过程中沉淀下来的数据量级，而不再仅限于资产、利润、用户数、销售收入等传统指标。

平台企业中的小组织又将如何管理呢？

每一家成功的平台企业，都一定会孵化出很多成功的小组织。这些小组织可以利用平台资源进行运作，小组织只需洞察用户、连接用户、把用户服务好，剩下的所有工作（如研发设计、制造、物流、营销）都可以由平台提供全套解决方案。在这种强有力的支持下，小组织会保持较高的内部创业成功率。

在平台企业中，小组织的规模是相近的，每类小组织的颗粒度大小都是平台企业长期运营实践的结果。在这个规模下，该组织是管理难度最小的、经济效益最好的，小于这个规模、大于这个规模都是不经济的。例如，在阿里巴巴国际站平台上，某类电商小组织的员工数量为 4~6 人，销售额为

1 500 万~3 000 万元，符合这个颗粒度的小组织就是良性的，不符合的就是相对不经济的。

小组织的规模是确定的，所以平台企业的增长就体现在小组织数量的增长上。在小组织成熟后，就要对其进行裂变，裂变后小组织的数量就会翻倍。此时，平台企业要保证裂变的成功率，并周期性地进行组织裂变管理。

同时，平台企业还要保证小组织的运营是良性的，如小组织的营业额是否在增长、利润是否正常、团队是否稳定；通过小组织培训，让表现好的小组织越来越多，让表现差的小组织越来越少，以保证平台企业的良性发展。

我们相信，随着平台企业的影响力越来越大，传统企业都会进行不同程度的平台化改造，而改造后的传统企业将享受变革红利，并有机会成为行业的巨无霸。

目录

第一章 战略引领：平台企业的方向选择 // 001

第一节 影响战略的外部因素 // 002

技术进步下的企业战略 // 002

社交网络下的企业战略 // 004

行业发展规律与企业战略 // 006

国家经济发展阶段与企业战略 // 012

增量周期还是存量周期 // 014

电梯理论与流动性 // 016

第二节 战略增长模式的选择 // 018

增量下的投资性增长 // 018

存量下的核心竞争力曲线 // 019

借用资本的力量 // 022

第三节 战略路径 // 024

根据地与战略 // 024

场景式战略思维 // 025

抓住企业增长的主要矛盾 // 027

把握机遇，成为领头羊 // 029

企业主业的蜕变 // 031

第四节　战略应对 // 033

管理中的局与势 // 033

企业内部变革的时机 // 035

第二章　去中心化：组织改造是裂变式增长的前提 // 039

第一节　组织结构 // 040

业务转型的判断依据 // 040

经营人力成本结构 // 042

打造团队的核心 // 044

打造组织的脊梁 // 045

第二节　人才培养 // 047

建立正确的人才观 // 047

如何解决团队经验短缺问题 // 049

中高层的学习成长 // 051

基层员工的管理与要求 // 053

如何进行赋能管理 // 054

第三节　人才管理 // 057

建立员工公平感 // 057

薪酬的公平原则 // 059

第三章　生态机制：科学构建平台的管理机制 // 061

第一节　增长机制 // 062

机制的重要性 // 062

　　　　结构调整机制 // 065
　　　　打造动力机制 // 067
　　　　业务裂变机制 // 069
　　第二节　优化机制 // 070
　　　　项目改善机制 // 070
　　　　问题导向机制 // 072
　　第三节　管理机制 // 074
　　　　竞争管理机制 // 074
　　　　高管任用机制 // 077
　　　　高管竞争机制 // 079
　　第四节　活力机制 // 080
　　　　团队 PK 机制 // 080
　　　　员工动力机制 // 082
　　第五节　平台机制 // 083
　　　　平台运营机制 // 083
　　　　平台反腐机制 // 086
　　第六节　变革机制 // 087
　　　　危机倒逼机制 // 087

第四章　企业文化：奋斗文化的养成 // 091
　　第一节　讲奋斗 // 092
　　　　经营哲学是企业文化的根基 // 092
　　　　世俗人格与理想人格 // 094
　　　　员工思想的梳通 // 096

　　　　平台企业的企业文化 // 097

　　　　员工心力的激发 // 099

　　　　打造奋斗者团队 // 101

　　　　打造责任感而不是满意度 // 103

　　第二节　讲现场 // 104

　　　　现场力打造 // 104

　　　　方案在现场 // 106

　　　　以一线为现场 // 107

　　　　以结果为现场 // 109

　　第三节　讲内省 // 110

　　　　批评与自我批评 // 110

　　　　在内部客户投诉下进步 // 111

　　第四节　讲信义 // 113

　　　　对企业忠诚 // 113

　　　　老员工的价值 // 115

　　第五节　讲竞争 // 116

　　　　拒绝帮派主义与山头主义 // 116

　　　　做支持变革的建制派 // 118

　　　　鼓励建设性冲突 // 120

　　　　一票否决的高压线 // 121

第五章　裂变式增长：寻找业务增长的规律 // 125

　　第一节　营销理念 // 126

　　　　理直气壮地进行商业战争 // 126

　　　　技术乘数和兰彻斯特方程 // 128

　　　　敢打才是根本 // 130

第二节　营销战略 // 131

　　　　建立销售管理框架 // 131

　　　　如何定义销售的成功 // 133

　　　　循序渐进地打造销售体系 // 135

　　　　销售增长是策划出来的 // 137

　　　　决定未来的业务增长点 // 139

第三节　营销组织 // 141

　　　　搭建金字塔型销售组织 // 141

　　　　销售主管素质模型 // 143

第四节　营销策略 // 145

　　　　销售套路的打造 // 145

　　　　选择并打败竞争对手 // 147

　　　　打造核心单品根据地 // 149

　　　　渠道为王策略 // 150

　　　　终端为王策略 // 152

第五节　平台运营 // 154

　　　　渠道管理的重点 // 154

　　　　终端管理的重点 // 158

　　　　价格体系设计与管理 // 160

　　　　促销方案设计的逻辑 // 163

　　　　销售的年度运营 // 165

　　　　销售日常运营 // 167

第六章　抢占心智：打造强势品牌 // 169

第一节　品牌管理 // 170

品牌的起源与意义 // 170

研发创新是品牌基础 // 172

品牌策划与设计 // 174

品牌的命名 // 176

包装的学问 // 178

品牌打造关键点 // 179

第二节　媒体管理 // 182

建立企业级融媒体 // 182

融媒体内容创作及运营 // 185

融媒体传播案例 // 188

第七章　中台战略：打造信息化中台 // 191

第一节　信息化的企业 // 192

SAP 的没落与信息中台 // 192

场景是未来信息化的基础 // 194

第二节　未来的信息化中台 // 196

碎片化数据是趋势 // 196

基于画像的大数据管理 // 197

业务可视化管理 // 198

后台信息系统的定制 // 200

企业的 AI 未来 // 202

第一章

战略引领：平台企业的方向选择

战略主要解决的是方向性问题和资源配置问题。方向性是指打造全局视野，对世界、区域、国家、行业的经济趋势进行判断，以此来确定企业的业务方向。资源配置是指给企业的每个业务方向配备具体的资源，解决"如何扩大规模、如何提高效益、如何形成核心竞争力"等问题。

战术主要研究资源效率的最大化，即我们日常所说的"管理"，特指手段、方法、工具，如精细化管理、六西格玛管理、成本控制管理等。

战略赢是大赢，战术赢是小赢，500强国企之所以能成为优秀的企业，是因为其领导者对行业的布局和资源情况很了解，拥有强大的战略思维。

好的战略能吸引外部资源，从而轻而易举地造势与乘势，因此战略对于平台企业来说其重要性比传统企业更高。平台企业的战略方向由外部的技术进步、政治环境、经济周期，以及内部的业务选择、模式选择、目标选择等共同决定。

第一节　影响战略的外部因素

技术进步下的企业战略

5G将开启一个新的康德拉季耶夫周期（称为康波周期）。每当新的周期来临时，世界经济版图就会发生巨大的变化。

5G商用以及与各行业、各领域的深度融合，促进了各类要素、资源的优化配置和产业链、价值链的融会贯通，使生产制造更加精益、供需匹配更加精准、产业分工更加深化，并将赋能传统产业优化升级。根据中国信息通信研究院的测算，从2020年到2025年，我国5G商用直接带动的经济总产出将达到10.6万亿元。国际咨询公司马基特预测，到2035年，5G有望在全球各行业中创造12.3万亿美元的经济价值，因此这是一个新的经济周期。

对于企业来说，5G带来的社会影响，是把移动互联网拓展到工业互联网、车联网、物联网等更多领域，能够支撑更大范围、更深层次的数字化转型。企业只有适应这一转型趋势，才能在未来的竞争中有立足之地。

我们已经看到了移动互联网带给企业的冲击，电商购物、电子支付、电子娱乐、电子出行已成为我们日常生活的标配，由此我们可以想象工业互联网、物联网将带给企业的冲击，以及未来社会变化的剧烈程度。企业经营者不得不对此加以考虑。

我们先来看物联网。企业未来提供的产品将内嵌物联网芯片，这个芯片可以通过5G告知企业产品所有的使用情况、维修信息，不再需要通过消费者通知企业。产品将变得更智能化，不再是一个被动的、无感知的物品。

我们再来看工业互联网。在制造车间，核心设备都配备了人工智能系统，可以按个性化的工艺路线进行产品加工，工序复杂度、质量控制都不再是问题，甚至可以根据材料的特点进行工艺调整。5G商用之后，工业互联网的时代将会很快到来。

由于工业互联网对制造环节的革命性影响、物联网对产品使用环节的革命性影响，再加上消费者对产品体验的升级，任何一家企业的经营过程与产品都会发生天翻地覆的变化。我们可以设想如下未来的新模式。

（1）产品是IoT（物联网）的，用户是App（应用程序）的，这两个碎片系统未来将生成企业大数据。

（2）通过5G将IoT与App大数据回传后，将生成产品画像、用户画像。

（3）根据画像模型，企业优化制造、运营、物流等环节，以改良自身服务。

（4）在制造环节，基于5G的人工智能系统将确保企业高柔性、低成本、高效率地完成工作。

（5）在物流环节，基于5G高效技术，将产品及时、低成本地送到客户手中。

目前，5G的基础设施已经在大规模建设当中，在此基础上，未来服务业与制造业将深度融合，如"工业服务化"和"服务产品化"，一旦企业在这方面有了重大突破，那么企业强大的基因就能真正奠定下来。

社交网络下的企业战略

人类社会经历了三种形态：第一种是原始社会的群落形态，其信息传播方式是人际传播，以口口相传的方式进行；第二种是被组织起来的金字塔形态，大部分信息都是自上而下地纵向传播；第三种是现在的社交网络形态，即自媒体式的横向传播方式，我们每个人都是社交网络中的一个细胞，镶嵌其中。这三种社会形态的信息传播方式各有不同，这决定了其权力结构是有差异的。

在社交网络平台上，人们根据生活、工作、爱好等方面的需求，聚集在不同的社群中，并在自己的社群中分享各类经验，进行各类问题的同步式沟通。随着这种信息交流方式的普及，人与人之间的影响力越来越大，比原来金字塔形态下的链条信息模式的影响力大了许多。

社会学著作《大连接》中的研究表明，原来的金字塔式社会形态是六度连接模型，而在社交网络环境下，社会形态已经演化为三度影响力模型。每个人都有三度影响力：我们的朋友是一度影响力，朋友的朋友是二度影响力，朋友的朋友的朋友是三度影响力。在这个三度影响力链条上，不仅是信息，态度、情绪、行为等也会被传播，影响力之大远超我们的想象。

微博的流行，标志着我国开始向社群社会形态转型，之后随着贴吧、微信群、自媒体等的快速发展，截至目前，社群平台已经覆盖到了差不多每一个人，每个人都加入了众多社群，成为这些社群中的一员，并在这些社群中具备了三度影响力。

社群信息传播模式对企业的影响主要体现在两个方面：一是企业信息的传播模式；二是企业员工的行为模式。

企业信息的传播模式已经发生重大变化，这一点我们已经充分感受到了，各种社会热点、企业信息的传播路径已经与之前完全不同，电视、报纸等已不再具有唯一的权威性，高频率的社群传播已经成为主流，电视与报纸的作用变为确认与增信。基于社交信息的横向传播模式，企业的营销理念已经发生巨大变化，而且先进企业已经在实践新理念，将广告投放的重点转移到了社群中，将之前主流的广播式广告模式作为补充。

员工的行为模式也将在社群形态下发生变化。在原来的金字塔形态下，信息知晓权是权力机制的决定性因素，也是管理者进行权力控制的主要手段，但在社群模式下，原来的权力模式已经不再有效，企业的组织结构将不可避免地走向扁平化。

但在实际操作中，由于员工存在晋升需求，所以企业的组织结构仍需要保持很多层级。此时，如何把信息层面的扁平化与员工的晋升需求更好地结合起来，则是一个新课题。2019年2月，小米公布了其新的组织结构，在新结构中，小米专员的级别为13级左右，经理为16级到17级，总监为19级到20级，副总裁为22级。这一变革与2013年雷军在一场互联网行业沙龙中的演讲表态截然不同，当时雷军宣称小米最基本的组织结构只有三级：核心创始人、部门领导和员工。有人批评小米正在告别扁平化管理，转向了传统的层级化管理。我们认为这只是小米用层级满足了员工的自我实现需求，而并不意味着小米的管理转型。

当然，社群也有其自身的瓶颈。社群专家经研究发现，社群大小存在一个"邓巴数"，也就是说社群的大小约为150人。据说这是由人的脑容量决定的，因为每个人最多只能够记住150个人的音容笑貌，所以150人是社群组织的极限，最好限定在这个规模以下。

社群信息的横向传播模式决定了企业的扁平化管理模式，决定了企业未来的方向是"平台+小业务组织"，而且小业务组织的人数最好不要超过150人，如果发展到150人以上，那么最好对其进行裂变拆分。我们坚信，随着社群社会形态的确立，企业的管理模式必然要适应这种新形态，转型较快的企业将会取胜，转型慢的企业将会被淘汰。

行业发展规律与企业战略

行业的历史进程决定了企业的状态，行业处于兴盛期，行业产业链中所有的企业都会有好的发展，如前些年的房地产行业；行业处于衰退期，行业产业链中所有的企业都难有好的发展，如现在的房地产行业。一般来说，只有经历过行业周期的企业家，才是真正的企业家。

企业家对行业周期的判断是非常重要的，如果企业家能够掌握企业所属行业的历史发展阶段，以及行业发展的一般规律，并根据行业所属阶段进行资源配备，就能带领企业成长为行业巨头。反之，任何人想挽救一个衰退的行业，都是自不量力。

我们以纺织行业的发展史为例进行行业发展周期的分析。从人们所消耗的服装数量来看，纺织行业的规模在理论上是不断增长的，但如果一家纺织企业按照这个理论进行战略决策，就会陷入一个巨大的决策陷阱。

对英国来说，在1600年到1860年的260年间投资纺织工业是一个很好的生意，但在1860年后投资纺织工业就是有风险的，而在1880年投资纺织工业必定会失败。

对美国来说，1786年到1860年种植棉花是很好的生意，1860年到1880年种植棉花就是竞争激烈的生意，1880年之后，纺纱织布是一个很好的生意，1923年之后，纺织工业在美国就衰败了。

对我国来说，1978年到1995年是纺织工业的大发展时期，各个城市都遍布棉纺厂，但在1995年之后很多都衰落了。

因此，对于每个国家来说，纺织工业的发展史有着明显的差异（见图1-1），企业家要根据各自国家的特点和行业所处周期进行决策，这样才能确保经营成功，否则资源再丰富，也扭转不了行业的衰退趋势。

建立一种对行业兴衰史的认知是一件非常困难的事情，但我们可以采用一个取巧的办法，即把某个特定行业发展的逻辑与关键节点呈现出来，供大家对比学习。仍以纺织行业为例。

纺织行业在很久之前就存在了，但真正获得发展是在1600年左右，之前近2000年的时间里都是男耕女织时代，是以家庭为单位，女性在空闲时进行纺纱以自用，少量用于出售，可以说基本上不存在纺织工业。

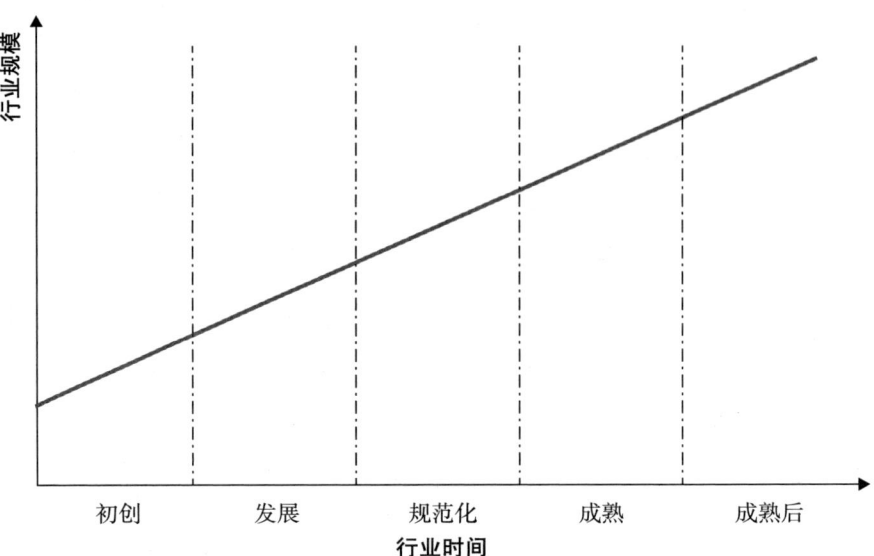

a. 行业史:我们以为是这样的

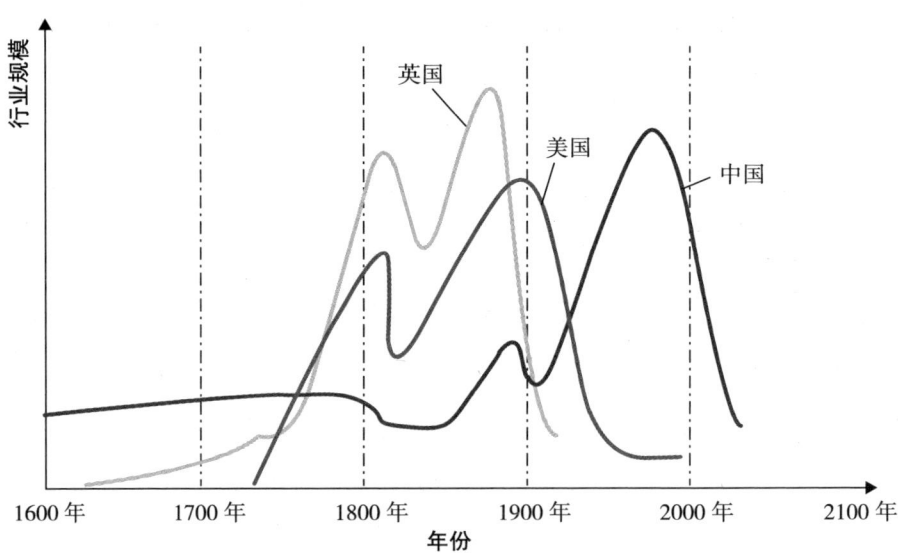

b. 各国的纺织行业规模

图 1-1　各国纺织工业发展史

注:图 b 仅展示出曲线沿时间(年份)轴的变化形态,对各国的纺织行业规模未进行比较。

当时，欧洲地区由于气候原因不出产棉花，只使用亚麻、羊毛等纺织品。另外，由于棉布相比亚麻、羊毛具有易染色、易清洗等特点，因此进口棉布当时在欧洲很受贵族欢迎，被归于奢侈品类。但是，由于棉布深受喜爱，这严重冲击到所在国的亚麻、羊毛行业，因此棉布的进口被很多国家宣布为非法生意。

在17世纪，随着英国的崛起，英国慢慢掌握了从亚洲进口棉布到欧洲的主导权。此时，英国商人开始从国外进口棉花，外包给家庭工人进行纺纱，从而在英国慢慢出现了专门纺纱的小作坊。这种方式是以出售为目的的，工人以男性居多，至此纺织工业出现了。

但到此为止，纺织行业还是一个松散、多中心、水平式的传统行业。

当时，英国工人的工资水平是印度工人的6倍，这大大增加了生产成本，而要使自己生产的纺织产品比印度的纺织产品更具竞争力，就必须提高生产力，于是技术革命开始了。1733年，约翰·凯伊发明了飞梭，将织布效率提高了1倍。虽然织布效率获得了提高，但纺纱效率仍停在原地，一个织布工需要四个纺纱工的配合，于是工匠们开始想办法提高纺纱效率。1764年，詹姆斯·哈格里夫斯发明了珍妮纺纱机，使纺纱效率提高了2倍；再之后的1769年，理查德·阿克莱特制造了水力纺纱机，又大大提高了纺织的效率；1779年，塞缪尔·克朗普顿对上述技术进行整合，发明了由水力驱动的骡机，这时纺纱效率又高于织布效率了，织布效率成为瓶颈；1785年，埃德蒙德·卡特赖特发明了水力织布机。在这一系列技术的驱动下，纺织效率整整提高了370倍。

由于水力纺纱机需要临水力搭建，因此出现了依水而建的单独工厂，而不是像以前一样将珍妮纺纱机放在家中使用。在该阶段，凡是投建纺织工厂的工厂主都赚取了大量的财富，在榜样的推动下，英国纺织工厂的数量越来越多。该阶段是英国纺织业的成长期，投资越早、越大，收益越高。

随着纺纱与织布效率的提高，生产已不再是纺织行业的瓶颈，其面临的是消费市场与原材料供应的瓶颈。纺织效率的提高使棉布价格大幅下降，棉布由贵族使用的奢侈品成为大众产品，产品需求激增，同时通过对"国富论"理论的实践，扩大了国外消费市场。而与之相对应的是原材料越来越供不应求，因此需要开拓新的棉花种植地。下面我们看原材料的规模化扩张。

1786年，由于棉花短缺，棉花价格上涨，美国种植园开始种植棉花。由于美国种植园没有资本，种植园主用奴隶作为抵押，承购商给种植园提供贷款。胆大的种植园主因此快速地赚到了钱，并把赚来的钱继续投入到购买奴隶与扩大种植面积中。在财富榜样的推动下，美国开始抢劫或购买土地进行棉花种植，这也推动了美国国土面积的扩大。美国种植园的奴隶制度及发达的交通水系，使美国成为最重要的棉花原料供应国，其棉花价格也比印度等国的价格要便宜得多，这使美国的棉花出口量一度占到英国棉花进口量的75%。

从1800年开始，由于英国在生产上的成功及美国在种植上的成功，欧洲其他国家开始模仿，各国纷纷建设工厂，同时在自己的殖民地进行棉花生产。在模仿过程中，每个国家都面临劳动力短缺、资本短缺、技术短缺的问题。为了实现本国的工业化，各个国家都在为利益进行关税调整、为技术进行封锁、为劳动力进行强制劳动。从实际效果看，试图工业化的大部分国家都成功了。

1800—1860年，来往于利物浦的船越来越多，这也促使利物浦成为棉花交易中心。这是一个公开的交易市场，该交易市场的诞生催生了经纪人体制，替代了以前的经销商，并于1841年促成了利物浦经纪人协会的创建。此时，纺织产业链条中的利益相关者由原来的种植户—承购商—商人—进口商—经销商—工厂，演变为种植户—进口商（商人）—经纪人—工厂。

随着棉花交易中心的成熟，为了适应工厂的采购需要，纺织行业从原来的产地管理进化为棉花质量管理，而有了棉花质量标准，就为期货交易奠定了基础。同时，进口商开始指导全球的棉花种植，在全球收集相关信息，并以此来进行商业操作。到了1860年，一个以英国为中心的欧洲其他国家模仿的中央集权制棉花帝国成立，全世界有2 000万人从事棉花行业，平均每65个人中就有一个人参与。

1861年，美国南北战争爆发了，美国的原棉供应中断，但纺织工厂在库存棉花的支撑下仍可继续生产，同时传言内战很快就会结束，因此并未引起市场混乱。然而过了一年，库存棉花用完，原料紧缺，棉花价格开始疯涨，但仍买不到原料，很多工厂只能关闭。此时投资纺织工业，无论有什么能力，都只能是赔本的生意。

棉花价格暴涨后，英国为了自救，开始动员在全球种植棉花，并进行大量的投资与政策强制。在印度等国家，由于棉花涨价，之前棉花价格没有竞争力的情况得到改变，种棉花变得有利可图，印度开始大量种植棉花。1862年，印度贡献了英国原棉进口量的75%，以及法国原棉进口量的70%。在此期间，在印度种植棉花是一门好的生意。

1865年，美国内战结束，获得自由的奴隶不再愿意种植棉花，他们认为能够生活就可以了，于是不再去种植园劳动，即使发薪也不去。美国开始摸索新的棉花种植方案，同时随着破产的人越来越多，他们不得不参与到棉花种植工作中来，直到1880年，美国才恢复了1860年时的棉花供应水平。但在1880年之后，原来的以英国为主体的纺织工业中央集权体制开始瓦解，世界各国开始准备进行自己的工业化。德国、日本、美国等国家开始进行纺织工业的建设，同时各纺织工厂开始向原料产地进行转移。1923年，美国制定《棉花标准法》，其各州之间的棉花交易均按照该法案进行。

改革开放后，我国纺织工业快速发展，直到1995后我国纺织行业衰退，纺织行业又回归到松散的状态。

预计到2050年，棉花的产量将比现在增长3~4倍，虽然产量大幅增长，但纺织行业将成为服装行业的附属行业。

从纺织工业的发展史中我们可以得到一个简单的结论：做企业，凡是顺行业大势的，一定会成功；凡是逆行业趋势的，一定会失败。

国家经济发展阶段与企业战略

一家企业的发展取决于企业所处行业的发展阶段，同时也取决于国家的经济发展阶段。

从历史的角度看，谁也无法阻碍一个国家的经济发展。有些国家的经济发展不走弯路，速度快一些；另一些国家的经济发展虽然缓慢曲折，但总体是前行的。但无论经济发展快或慢，企业家都需要了解企业所在国家其时所处的经济发展阶段。

国家经济处于什么阶段，由该国家的工业化阶段及经济周期两个方面共同决定。

工业化是一个国家经济发展的必然方向。所谓工业化，是指一个国家的工业产值在国民生产总值中的比例不断提高，成为经济主体的过程。工业化过程的特征表现为：大量农村人口向城镇转移，城镇人口超过农村人口。我们目睹了我国的工业化进程，目前在非洲国家也明显能看到工业化趋势，几乎每个国家都会走上工业化道路，几十年不行，就用几百年来实现。

同样是工业化，每个国家的工业化内涵却有所不同，这体现在各个国家的工业结构上。什么样的工业结构决定了进行什么样的工业化,如以轻工业为主的工业化、以重工业为主的工业化、以电子工业为主的工业化、以资源业为主的工业化等。同时,在各个国家的工业化发展过程中,其主导产业是不断变化的,这种主导产业的变化就是国家的转型升级。以前我国的主导产业是农业、纺织业等,后来是制造业、化工业、建筑业等,未来我国发展的主导产业将是5G等科技产业。

经济是有周期性的,周期指的是经济有规律地进行扩张和收缩。扩张是因为投资者看到其他投资者获利,为生存发展而进行模仿,一旦模仿者成为潮流,就进入经济扩张期。收缩是因为投资者遭遇了损失,从而进行潜意识的保护行为,这种行为多了就进入经济收缩期。经济周期本质上是由人性决定的,是一种客观进程,个人只能延缓或加快这一进程,但无法改变其方向。

经济周期有四种重要类型:长周期、房地产周期、中周期和短周期。长周期约为60年,也叫康德拉季耶夫周期,这是由重大技术创新决定的,企业家对创新技术的追捧导致了长周期的出现。房地产周期约为20年,也叫库兹涅茨周期,这是由人口波动决定的。中周期约为8~9年,也叫朱格拉周期,这是由企业家相互追赶的固定资产投资决定的。短周期约为3~4年,也叫基钦周期,这主要是由库存波动决定的。

国家经济发展阶段是由各国工业化阶段和经济周期两个方面叠加决定的。一般来讲,经济周期的作用更大一些,工业化阶段的影响小一些。经济周期往往能打破一个国家的工业化节奏,比如当年"亚洲四小龙"的工业化进程被经济危机所打断。但是,如果是一个体量非常大的国家,其工业化进程也可能影响世界经济周期的节奏,比如在2008年全球金融危机中,我国投入4万亿元改变了经济危机的进程。

在制定企业战略前，企业家一定要研究企业所在国的工业化阶段与经济周期两个因素：了解最近2~3年的工业化阶段与最近2~3年所处的经济周期。知道工业化阶段与经济周期哪个是主要矛盾，企业就知道了如何做是顺势与逆势，从而乘势而起、逆势保全，同时也会避免顺势无为、逆势折翼的情况发生。

在扩张期，谨慎无为的企业会被市场所淘汰，大举投资的企业会携杠杆不放过一切机会，包括对先进但相对谨慎的企业的收购。在收缩期，逆势扩张的企业往往会粉身碎骨，而谨慎行事、保全资产的企业就会笑到最后。

增量周期还是存量周期

国家经济阶段及行业天花板两大因素决定了任何一个行业都存在着增量周期和存量周期的可能。然而，无论国家经济处于增量周期还是存量周期，企业的生存逻辑只有一个，那就是增长。这一目标是企业制定经营战略时首先要考虑的因素。

在2008年左右，管理学界就先做大与先做强进行了讨论，很多事实与以下典型案例相近。在2008年的甲、乙两个10亿元规模的企业中，甲企业迅速扩张做大，并在5年后的2013年发展到100亿元的规模，乙企业专注于一点做优势，2013年后发展到了20亿元的规模，甲企业的规模是乙企业的5倍，这时甲企业通过资本运作，轻而易举地收购了乙企业。当时我国经济属于增量周期，企业发展速度优先。

处于增量周期的企业关注的是发展与效率，通俗的说法就是快速做大。此时，企业管理的重点是激励员工，让员工以极大的热情投入到工作中，要求员工以发展性思维看待工作与机遇，努力去创造自我实现的机会。在我们熟悉的企业中，华为与甲骨文公司（Oracle）在激励员工方面是较成功的。据说甲骨文公司是用现金的方式奖励员工，使"拥有普通技术和一流市场能力的甲骨文公司，打败了拥有一流技术和只有普通市场能力的 Ingres 公司"。目前互联网企业继承与发扬了这一传统，经常用现金的方式激发员工的工作热情。

增量周期求效率，存量周期重公平。2018 年，全球经济进入存量周期，此时企业是很难获得快速发展的，如何公平地分配存量利益成为企业管理者的首要命题。

在存量周期，企业应关注现金流与公平性，抱团取暖也罢，全员销售也罢，企业都应基于公平与生存的原则，不应大幅激励成绩突出者。在这个方面，稻盛和夫做得非常成功，他认为虽然在存量周期经济会不景气，客户的订单随之减少，销售额也会降低，但此时是强化企业体制的最好时机，如进行全员营销、全身心地降低成本、全力开发新产品、构建新型人际关系。因此稻盛和夫建议，企业应该在增量周期追求做大，在存量周期追求做强。

在增量周期，企业快速发展，资源投入与职业机会多，员工会把注意力投放在增长模块，希望通过自己的奋斗实现业务增长，从而实现晋升需求。企业不重视增量周期，往往会错配资源，错失发展机遇。例如，某企业在取得全国质量奖后，又把获得"戴明奖"立为企业的经营目标，而没有选择在增量周期扩张业务、提高效率、扩大规模，最终沦落为边缘企业。

在存量阶段，即使员工再奋斗，企业规模大幅增长的可能性都比较低，因此企业的资金、渠道、岗位、薪酬等都会基本停滞，员工们只能在存量中进行零和博弈，一旦有失公平，团队就会分崩离析。例如，在 2012 年进入存量周期时，某咨询公司大幅提升了合伙人的提成，并大量招聘新员工，最终导致企业现金流出现危机，企业遭遇了重大危机。

只有正确判断企业所在行业处于增量周期还是存量周期，企业才能制定合适的管理策略，才能合理地配置资源。当然，企业在经营过程中也有改变企业存量环境的可能性，如创造性地打破地域限制、打破产品限制、打破行业限制、进入风口行业等，使企业进入新的增量周期。

电梯理论与流动性

增长快速的行业，就像一部长升的电梯，在上升的电梯里，有的企业家在做俯卧撑，有的企业家在做引体向上，结果是有的企业家认为俯卧撑是自己企业成功的原因，有的企业家认为引体向上是自己企业成功的原因，这些企业家就是我们通常所说的经验主义者，这些企业家通常会在行业"下行"时陷入对经验的绝望。为避免企业"下行"，每个企业家都应该不停地寻找"上行"的电梯，也就是寻找增量行业，进入新风口或追赶新趋势。

从趋势期限方面看，趋势分为长期趋势和短期趋势。长期趋势主要包括技术导致的生产趋势、交易方式改变（电商平台）趋势、一个国家的工业化进程趋势、康波周期趋势，这些趋势的周期长达几十年甚至上百年。短期趋势主要包括流动性趋势、存货周期趋势、商品类趋势（房地产、股市）等，这些趋势的周期短则数月，长则数年。

一些企业家经常会忽视趋势，只知道埋头干活，如果刚好在趋势里，就会赚钱，这是靠运气赚钱。另一类企业家则会追逐趋势，从非趋势里换到趋势里，从而赚了钱，这是智慧。大趋势会持续几十年甚至上百年，这对我们的职业规划是有意义的；小趋势会持续数月或数年，这对企业或个人实现财富增长是有意义的。我们下面所说的趋势更多的是指小趋势。

行业是趋势的载体，没有行业就没有趋势主体。趋势的最终体现就是某个行业的流动性比较大,行业热度比较高,先入行者都能得到巨大的回报。因此,判断趋势就是判断行业未来的热度。

行业热度是由流动性决定的,流动性在哪里,哪里就有赚钱的机会。流动性分为国家流动性与机构(个人)流动性。国家管理好的,这两个流动性经常会协同出现,也就是实现以国家流动性为主的全面流动性管理;国家管理不到位的,这两个流动性经常无法协同,国家流动性与机构流动性各自为政。

我国是能够协同国家流动性与机构流动性的典型国家。例如,目前我国政府希望未来 3~4 年的流动性在 5G 等领域,因此国家流动性就会很快进入这些领域,而注入国家流动性之后,各机构及个人都深信这些领域有赚钱的可能性,因此机构流动性也会注入这些领域。

我们从哪里发现短期的小趋势呢?新闻联播或政府文件是判断我国短期小趋势的可靠渠道。虽然新闻联播与政府文件会指明趋势方向,但不会给出具体的量化值。其量化值最终体现在流动性数据上,因此我们要学会判断有多少流动性在这些趋势上。

在判断趋势的流动性量值之前,我们通常要知道流动性的整体"盘子"。这里的流动性通常指金融资产,其计算公式为:

金融资产 = 货币供给 + 国外外部流入 + 国内金融创新

货币供给 = 贴现 + 存款准备金 + 公开市场操作

国外外部流入 = 产业转移 + 其他国家溢出 + 日元国际套利

国内金融创新 = 资产结构化 + 杠杆

其中,货币供给与国外外部流入的数据是公开、量化的,我们只要能查到相关数据,就能计算出具体数值。而金融创新的数值在任何国家都是说不清的,但是在中国式创新的穿透式管理之下,2018 年之后,我国资产结构化与杠杆得到了量化管理,也变得可控了。

企业应关注国家的趋势行业、国家注入的流动性的总量、行业流动性,尽量从事近几年有流动性趋势的行业,从而乘上上升的电梯。

第二节　战略增长模式的选择

增量下的投资性增长

企业有两种经营方式:要素经营和产品经营。要素经营是企业规模发展到一定程度,在要素相对丰富时才可开展的。我们下面讲的经营方式都是指产品经营。

企业产品经营有两种增长模式:投资性增长和内生性增长。投资性增长指的是通过投资整合外部资源,从而进行拉动式增长。内生性增长指的是依靠现有的资产与业务,通过利润累积实现增长。

在2012年之前,我国企业的发展模式属于胆大敢干型,只要你下注投资,国内市场及国际市场基本上拥有无限需求,因此企业很快就会做大。例如,在2012年之前,美的集团某下属企业的业务增长就是来源于投资,其每年会给集团上报投资测算,经审批通过后,集团会为其协调资金,投资完成后,其营收增长迅猛,集团、经营团队、员工皆大欢喜,这就是典型的投资性增长。

当时管理界对这种行为有一个反思,那就是先做大还是先做强。做大指的是投资性增长模式,做强是指内生性增长模式。对于这两种模式,很多企业家都想拥有，但实际上却做不到，因为任何人都不可能把有限的资源与精力用在互相矛盾的两个方向上，而且两个方向都成功。

就结果看，企业做大在当时是唯一正确的选择，很多专注于做强的企业都迅速被做大的企业在销售额与利润上碾压，进而被收购或被以低售价打压，最终走向失败。从事后分析来看，企业因做强导致失败是一种必然，做强的企业是技术乘数的领先，做大的企业是兰彻斯特方程指数的领先，乘数效应劣于指数效应，因此在2012年前，做大的企业远胜于做强的企业。

在2012年之后，除个别行业外，大部分行业都进入了存量周期，凡是在存量周期实施投资性增长模式的企业都付出了巨大代价，仅在2019年，A股上市公司实际控制人发生变更的就有164家，这是一个血淋淋的教训。

投资性增长关注的是经营，内生性增长关注的是管理，经营赢是大赢，管理赢是小赢。从财务的角度看，经营关注的是增长，管理关注的是降本，降本是有限的，而增长是无限的。关注经营比关注管理更能决定事情的成败，关注增长比关注降本更能取得成功。因此，企业家最重要的工作就是寻找增量环境，把企业业务切换到增量环境中。

优秀的企业家总是能找到新的增量环境，同时不停地重组资源，不间断地实施投资性增长。在这个方面，马云的行为最为典型，观察其企业20多年的增长模式可以看到，企业一直都是在完美地实施投资性增长。

存量下的核心竞争力曲线

在明确了外部经济环境为存量周期后，企业应将运营战略确定为谨慎投资，将资源用在刀刃上，优化管理，强调资源的使用效率，倡导公平，共克时艰。

在存量周期，企业有两种运营战略：微笑曲线和武藏曲线。微笑曲线追求产品领先，武藏曲线追求制造效率。

微笑曲线指的是以研发、销售为主，以制造为辅的运营战略，其基本假设是制造水平拉不开差距（见图1-2）。

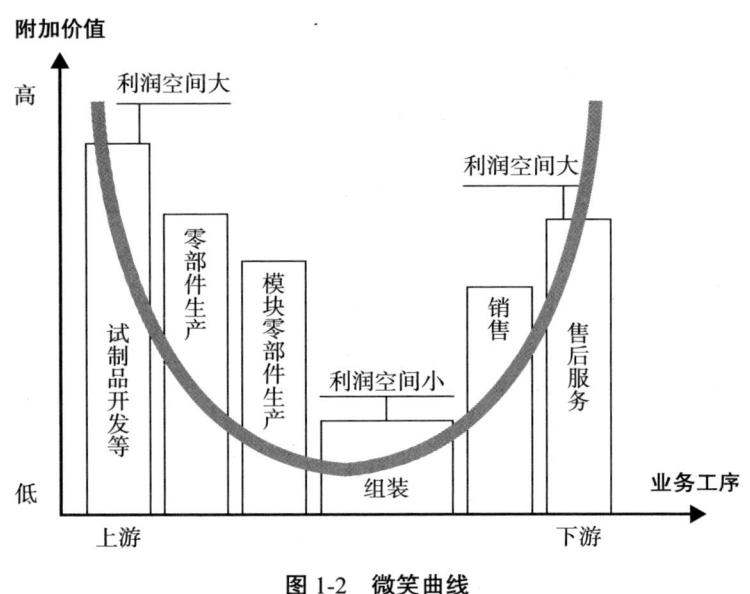

图 1-2　微笑曲线

1992年，宏碁集团创始人施振荣提出了微笑曲线（Smile Curve）理论。20多年来，华为的人力资源配置一直呈"研发和市场两边高"的微笑曲线，其技术研究及开发人员占总人数的46%，市场营销和服务人员占总人数的33%，管理及其他人员占总人数的9%，其余的12%才是生产人员。

2012年，方洪波从何享健手中接过美的集团的管理权后，就一刀切地停止了所有生产要素的投资，此后没有在国内建一平方米的厂房，没有新建一条生产线，并带领美的从一家由投资驱动的企业，转换为一家产品领先、由效率驱动的企业。到2018年，美的的营收为2 618亿元，比2012年增长

285%，利润增长481%，其海外营销额占总营销额的40%。这是一个应用微笑曲线战略的成功案例。

武藏曲线指的是以制造为主，以研发与销售为辅的运营战略，其核心思想是只有制造才能创造产品价值（见图1-3）。

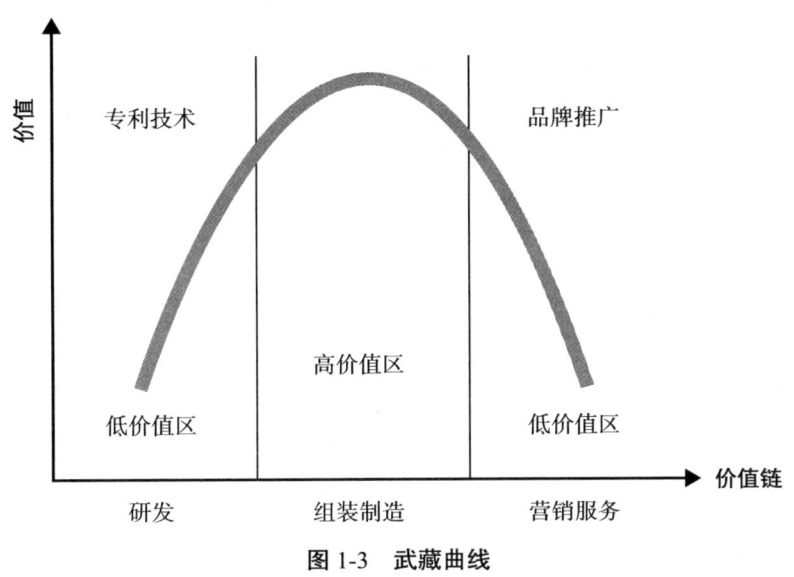

图1-3　武藏曲线

2004年，日本索尼中村研究所的所长中村末广提出了与微笑曲线完全相反的武藏曲线。应用该运营策略的典型企业是英特尔公司，英特尔公司实现价值最大化的有效途径是其技术研发成功后的规模化生产。

在日本、德国的制造业中，实施武藏曲线策略的企业较为普遍，也正是这种原因，使日本与德国的这些企业在全球的竞争中凭借优秀的制造质量与制造工艺始终立于不败之地。

对比微笑曲线与武藏曲线的应用，普通行业、产能过剩的行业适合应用微笑曲线；特殊行业、高科技行业则适合应用武藏曲线，只有武藏曲线才能保证供应链的安全。

在管理工具上，由投资驱动的分析工具包括九宫图、四象限图、SWOT分析等，其定性、策略级别、艺术成分多一些。由运营驱动的分析工具是科学、可量化的，具体包括六西格玛、流程管理、精益生产、JIT生产、全面质量管理、流程优化等。

了解了微笑曲线和武藏曲线模式下的管理差距，企业才能更好地进行管理、做出更好的决策。

借用资本的力量

资本与权力相同，是社会资源组织的一种工具。

拥有了资本，就具备了管理一定社会资源的权限，资本越多，企业调动社会资源的能力就越强；资本越少，企业调动社会资源的能力就越弱。因此，在确定了企业的战略方向后，企业应最大限度地争取社会资源的投入，以保障战略的实现。

在发达国家的市场中，资本的力量被发挥得淋漓尽致，这是因为发达国家的大部分市场规则都是按照资本规则建立的，资本就像是机械化部队，可以在这些发达国家的市场中快速推进，并占据绝对的话语权，可以说资本是其企业发展的决定性因素。在我国，这种趋势也非常明显，大部分创业者不可能不依靠资本就进行创业。只要有一个优秀的创意，就会有资本进入，从而将创意变为产品并迅速抢占市场，最终在达成规模后实现盈利，这已经成为人们创业的基本模式。

从资本的视角来看，资本具有两个特性：一是资本具有流动性，其会从收益率低的国家流动到收益率高的国家；二是资本的基本收益率通常为7%，如果收益率小于7%，那么资本通常会流动到收益率大于7%的国家或行业。因此，一个行业要有7%以上的收益率，这样才能保障资本的安全与增长，这在本质上解释了为什么在我国的GDP增长为10%以上时，世界资本会蜂拥而至的现象。同理，在GDP增长率很低的日本，资本就难免会流出。

对于一个特定的行业，如果其收益率低于7%，那么想要获得资本方的满意是不可能的，企业应不断地调整战略方向，寻找收益率超过7%的行业或细分市场，以确保企业经营安全。一般来说，国家、行业、细分市场的利润率大于7%时，资本的收益才是有保障的，这也是资本生存的规律，不管是自有资本还是外部资本都是一致的。

经过上百年的发展，资本也有了自己的个性与喜好，具体如下：

（1）追求高收益，喜欢追逐热点；

（2）厌恶风险，风险来临时，其会不惜一切代价地逃离；

（3）追求可控性，需要有明确的财务控制、上层增信、退出条件；

（4）追求确定性，倾向于可视化、标准化、可复制的项目。

同时，资本又是"嗜血"的，劳动要素、管理者要素、土地要素在资本要素面前属于弱势群体，所以说一家企业的资本数量并不是越多越好，它会抢走企业的大部分利润。

基于上述特征，企业要想与资本"联姻"，就需要对资本保持尊重与理解，这主要表现在两个方面：一是企业要确定合理数量的资本目标；二是从收益率、风险性、可控性和确定性四个方面满足资本的喜好。

因此，一家企业要想实现战略目标，就一定要重视资本的力量，要考虑资本数量的合理性及资本的喜好，同时基于资本的流动性，确保7%以上的收益率，这样才能发挥资本的作用。

第三节 战略路径

根据地与战略

在2010年一次与时任洋河酒厂股份有限公司总经理张雨柏的交流中，我们的某战略顾问对洋河销售过于依赖江苏市场提出了质疑，张雨柏反问："这是好事还是坏事？"在战略专家的支吾声中，我们的CEO回答道："这是根据地。"

企业应具备根据地思维，要选择具体区域打造市场根据地，并在这个根据地中打造客户与消费者对企业的认同度，从而在竞争中站稳脚跟。该根据地就是企业经营的根基，也是企业的人才培养基地、新产品与新模式的试验基地。有了根据地，企业在风险来临时才不会瞬间垮塌，这就是企业建立根据地的意义。

如何量化地判断某区域是不是企业的根据地？根据地可以按照市场份额判断。例如，某企业在某区域的市场份额与竞争对手的比例是10∶3，即该企业的市场份额是竞争对手的3倍多，那么这块区域就可以定义为该企业的根据地；如果该企业与竞争对手的市场份额的比例为10∶7，那么该企业在这块区域中是不能确保取胜的，该区域属于平衡区域。

在攻占某个市场时，企业应具备根据地思维，要确保客户、消费者不会轻易地被对方挖走。此时，企业要把资源重点投放在某些细分区域内，把这些区域当作根据地去经营，要一个客户一个客户地挖，一个客户一个客户地做工作，要把客户培养成企业的朋友，同时要有针对性地宣传企业的品牌，使客户形成购买习惯。在这个过程中，企业不能只在价格层面做文章，价格一低大量的客户就来了，价格一高大量的客户就走了，这种市场占有率是虚的，最终一定会失败的。

在市场中，企业要对竞争对手进入自己的根据地保持极度敏感，要严格防范竞争对手进入自己的根据地。要知道，竞争对手进入企业的根据地是一种战略决策，是内线作战的问题，这会消耗企业的资源，企业对此一定要有清晰的认知。

对于根据地的发展，企业管理者应具备一定的经营思维：一定要经常反省企业自身有几个根据地，要努力把自己的根据地连成一片；在自己的根据地内执行死亡定价法，把这个区域做成竞争对手的鸡肋市场，避免内线作战；对于竞争对手的根据地，则要先进入合适的区域，先打游击，然后逐渐增加市场份额，最终做成自己的根据地。

场景式战略思维

企业在制定战略时要考虑两点：起点与目标。起点是现在的场景，目标是未来 3~5 年的场景。

企业管理者应能描述出 5 年后企业应该是什么样子的、有哪些业务、有多少人、有多少销售额、按什么方式进行商业交易。这就是场景式战略思维。

场景式战略思维对企业具有积极的意义，但具有一定的难度。在制定年度战略目标时，能力较差的管理者会按照起点乘一个系数，比如今年为 100，明年增长 20%，目标就是 120；能力稍好一些的管层管理者会在系数的基础上，再加上一些关键变化、转折点，做出几种变化。这两种思维都是简单的数学逻辑，不是场景式战略思维，要想描述靠谱的场景，必须拥有更多的信息、更多的趋势知识、丰富的运营经验和对主要矛盾的把握。

场景式战略思维是先确定当年市场的总容量，再结合明年市场的增量，用市场份额占比的方式，以商业模式革新、资源扩展的视角，来确定企业明年的业务目标。有了相对正确的场景描述，就容易说服大家，这种战略目标往往能得到所有高层管理者的认同，从而加大资源的配置，对目标进行分拆，对运营进行改善，一切都会向着预期场景去努力。在大家的努力下，企业会走上发展的快车道。

如果有一个基于场景的正确战略，但企业没有足够的资源，得不到资源的支撑，那么再好的场景都是"故事会"。此时，企业要缩小场景，重新进行资源配置，直到场景与企业资源相匹配。平台企业有所不同，平台企业具有开放性特征，外部资源也会被整合进来，成为拥有资源的提供方，而不受企业自身资源限制，这也是平台企业的优势。

在场景基本确定后，企业还可以将场景的关键要素抽取出来，在运营方面发力，使自己的资源投放于场景关键要素，比如亚马逊将大部分资源用于业绩增长、选品便利、客户体验、供货商、降低成本及价格等关键要素。

对于场景战略目标，企业不能教条式地执行，有时也需要摸着石头过河，边执行边调整，而这才是正确的场景式战略思维。只有运用场景式战略思维，才能使企业在风险来临时及时避免，才能在客观现实发生变化时欣然接受，并全力开发新业务。

一个企业家拥有场景式战略思维是至关重要的，有了场景思维就能制定正确的战略，并且能极容易地获得所有员工的认同，这种能得到全员支持的战略一定会使企业取得更大的成功。

抓住企业增长的主要矛盾

企业经营是以增长为目标的，如果能够抓住影响企业增长的主要矛盾，那么企业增长就会成为大概率事件。

影响企业增长的矛盾包括三个层面：一是企业内部矛盾，如各业务线之间的矛盾；二是企业与其他企业之间的矛盾；三是企业以成员身份参与的矛盾，即企业作为行业、区域、国家的一个组成部分，是整体矛盾的一个点。这三种矛盾是有层次的，从部分到整体，再到更大范围中的一个点，同时企业在矛盾中扮演的角色也不同，从自己完全掌控矛盾到主导矛盾，再到只能应对矛盾。

我们先来看企业内部矛盾。企业内部矛盾主要包括各业务线之间的矛盾、业务部门与后勤部门之间的矛盾、上下游部门之间的矛盾、中高层管理者与基层员工之间的矛盾。

（1）各业务线之间的矛盾。企业有多个业务线，业务线之间存在矛盾是企业经营的必然，老业务线一定会对新业务线持保留意见，以确保自己的地位。当年诺基亚早就看到了智能手机的未来，柯达也早有了数码技术，只是被诺基亚的功能机业务线及柯达的胶片业务线扼杀了。新业务线如何突破旧业务线的限制，这是企业增长必须要解决的问题，但对平台企业来说，解决这种矛盾有着天然的优势。

（2）业务部门与后勤部门之间的矛盾。这两种部门之间的矛盾也是天然形成的，后勤部门经常挟总部知情权之名在争夺管理权，由于后勤部门离老板较近，因此在斗争中往往会取胜。对此，任正非明确要求："让听得见炮声的人呼唤炮火，授予一线团队独立思考和追求最佳的权力，后方只是起保障作用。"平台模式下的后勤部门将成为平台部门，不再与业务部门争夺管理权，这较好地解决了这一矛盾。

（3）上下游部门之间的矛盾。该矛盾指的是采购部门与制造部门、制造部门与销售部门、研发部门与生产部门、研发部门与销售部门之间的矛盾等，这类矛盾普遍存在，但由于下游部门的天然优势，取胜的往往是下游部门。无论哪个部门取胜，只要上下不同心，企业的运营能力就只能是平庸的，所谓的快速反应体系、后发先至的 Zara 模式（指西班牙 Zara 公司的供应链管理模式）就永远打造不出来了。在平台模式中，上下游部门被融合在一个工作小组中，这也是一种最优的解决办法。例如，韩都衣舍的小组织同时承担了采购与销售的职能。

（4）中高层管理者与基层员工之间的矛盾。如果企业中高层管理者与基层员工之间产生矛盾，就会出现信息扭曲、信任断层的情况，组织能量就无法凝聚，企业落败将成为一种必然。

我们再来看企业与其他企业之间的矛盾。企业与其他企业之间的矛盾主要包括与竞争对手的矛盾、与渠道的矛盾及与供应商的矛盾。

（1）与竞争对手的矛盾。在大多数时间里，企业表现出的主要矛盾就是与竞争对手的矛盾，该矛盾决定了市场份额的分配。例如，华为手机的市场份额多了，三星、苹果手机的市场份额自然就少了。

（2）与渠道的矛盾。渠道往往是依附于核心企业的，渠道同时也是产品流通的必经之路，在渠道管理过程中，通常也存在着双方博弈，如当年格力与国美的博弈。

（3）与供应商的矛盾。只有在行业供应处于瓶颈期的特殊情况下，供应商与企业之间的矛盾才能成为主要矛盾。例如，当年小米在产品上市前的营销活动，经常会由于供应链问题，导致有订单无货的情况发生，小米因此错失了很多市场份额，直到调整了供应链管理负责人解决了供货问题，才解决了这个矛盾。

最后，企业以成员身份参与的矛盾包括行业之间的矛盾、国家（区域）经济体之间的矛盾等。

（1）行业之间的矛盾。任何企业都属于某个行业，该行业与其他行业一旦发生矛盾，行业中的任何一家企业都会被迫裹挟当中，难以置身事外。如果行业失败，企业大概率是失败的。例如，非洲瓷砖贸易行业与非洲瓷砖生产行业相比，在当地瓷砖制造业发展起来的情况下，主要从事进口业务的非洲瓷砖贸易企业大概率是会失败的。

（2）国家（区域）经济体之间的矛盾。每家企业都属于某个国家或某个区域，国家或区域之间是有竞争的。

在以上三个层面的矛盾中，企业能够掌控的矛盾主要是前两种矛盾：企业内部矛盾企业可完全掌控，调整相对较易；企业与其他企业之间的矛盾是由企业与相关利益者共同解决的，这就相对困难了，但如果有良好的姿态、合作意识，挑选出适合的合作伙伴也是能够解决的；对于企业以成员身份参与的矛盾，除了行业巨头，其他企业基本上是没有话语权的，企业只能顺应大势进退，以保全自己。

以上是影响企业增长的主要矛盾，但主要矛盾是变化的，判断当下影响企业增长的主要矛盾最简单的办法，就是按上述内容进行一一梳理，逐一排除，从而得出一个相对正确的结论。企业只有把精力放在主要矛盾上，才能大概率地实现企业增长。

把握机遇，成为领头羊

一家企业能不能成为行业领头羊，大部分取决于行业机遇，而不是企业的奋斗。例如，处在 2000 年到 2010 年日化行业的企业，如果举措得当，是有可能成为行业领头羊的，但处在 2020 年日化行业的企业，无论如何奋斗，成为行业领头羊的梦想都是很难实现的。

在行业或细分行业处于机遇期时，企业应如何成为行业领头羊呢？答案就是采用把握时机、及时整合和阻击对手三大策略。

1. 把握时机

市场规模出现较大增量或空缺时才会出现快速做大的机遇，因此一旦出现可以快速做大的时机，就是百年不遇的，企业一定要把握住这个机会，不能有一丝一毫的犹豫。在 2010 年左右，我国业界出现了关于企业先做大还是先做强的讨论，结果很多企业因选择先做强而陷入困局，浪费了企业发展的时机，最终被选择做大的企业打败。

因此，企业一定要意识到：企业实力最终体现在企业规模上，规模不够大的企业要面临规模大的企业的降维打击。虽然我们经常谈以少胜多，但大概率是规模大才能赢，规模小了就要输。例如，当年滴滴与易到之争，易到的服务、运营都不比滴滴弱，但还是输给了快速做大的滴滴。因此，企业在能扩大规模的时候要尽快做大规模，不能有半点迟疑。

2. 及时整合

稻盛和夫认为，大企业像脓包，大了就会破。企业规模大了，就会出现各种问题，如帮派林立、争斗激烈、流程烦琐、决策缓慢，既得利益者越来越保守，不敢冒风险，甚至抗拒变化，同时在遇到压力时，大企业的内部很容易形成对立的利益集团，内斗越来越激烈，企业会因此分崩离析。

因此，企业必须在这些问题恶化之前，将做大整合为做强。此时的整合应有两个前提：一是保证团队有精神领袖或核心，其拥有一锤定音的决策力，以防止整合过程中出现不可控因素；二是强势施压，企业通常会树立一个敌人或学习标杆，通过对团队进行施压，促进变革的实施，实现内部资源的调动、整合，打造出企业的强体质。

3. 阻击对手

竞争对手不是企业能够左右的，企业需要等待阻击时机的出现。一旦具备阻击条件，企业应采用合理的方式，让竞争对手保持在较小规模内，具体原则是不能超过本企业规模的 60%。

总之，一家企业要想在所处行业中立于不败之地，最核心的办法就是抓住机遇快速做大，然后通过变革使企业变得强大，同时阻击竞争对手，获得行业领头羊的位置。

企业主业的蜕变

优秀企业的主业一定是在不停发展变化的，平台企业更应如此。

以阿里巴巴为例，阿里巴巴共经历了企业发展的三个时代，并且每个时代都有新的主业，依靠新主业的不断发展，阿里巴巴最终成为一家在行业内非常具有影响力的企业。

阿里巴巴第一个时代的主业是国际站，其目标是让天下没有难做的生意，阿里巴巴依靠该业务扭亏为盈。

阿里巴巴第二个时代的主业是淘宝、天猫，主打 2C（面向顾客）交易，依靠该业务，阿里巴巴打败了 eBay，成为互联网巨头。

阿里巴巴第三个时代的主业是金融服务，该业务将阿里巴巴带上了一个新的高度。

阿里巴巴前两个时代的竞争对手有很多，这些企业有的坚持着，有的已经消失。

我们再来看下华为三个时代的主业演变。

华为第一个时代的主业是运营商业务，为中国移动、中国联通等企业提供产品与解决方案，在当时的竞争对手中，中兴的销售额2018年为855亿元，约为华为运营商业务销售额的三分之一，约为华为整体销售额的九分之一。

华为第二个时代的主业是企业解决方案业务，目前华为企业解决方案业务的销售额仅次于思科，位于行业第二，2018年的销售额约为744亿元。华为当年的竞争对手3Com、D-link都已经成了明日黄花。

华为第三个时代的主业是消费者终端业务，该业务的销售额目前位于世界第三，仅次于三星和苹果。2018年，华为该业务的销售额为3 489亿元，已经接近前两个主业之和。

如果华为不发展新主业，死守运营商业务，就不可能实现7 000亿元的销售额。

在阿里巴巴与华为的两个案例中，明显可以看出企业旧主业都是新主业的孵化器，为新主业的发展提供了流量、资源，如阿里巴巴的淘宝是蚂蚁金服的孵化器，华为的运营商业务是企业解决方案业务及消费者终端业务的孵化器。孵化出的新主业是企业的新动能，能够帮助企业快速发展。阿里巴巴与华为在实际的运营过程中，都迅速地将重心放在新主业上，并把新主业纳入主业轨道，甚至以新主业替代老主业。

当企业有了新主业后，企业的生存环境就可以得到大幅改善，并通过降低旧主业的定价来打压竞争对手，争取获得更多的市场份额，同时也可以通过新主业把企业切换到增量市场，使企业进入增长轨道。只关注老主业的企业会处于被降维打击的劣势地位，常常会受制于人。

同时，企业主业的孵化、蜕变也是回避企业风险的一个重要保障。以诺基亚为例，由于其手机业务的决策失误，最终退出了手机市场，但实际上，其运营商业务在 2018 年的销售额为 1 733 亿元，其 5G 专利数量仅次于华为，相信诺基亚在未来几年又会迎来一个大发展，多主业成了诺基亚翻身的本钱。

在农业时代，企业主业的变化速度较慢，是以百年为单位的，如建筑企业；在工业时代，企业主业的变化是以 10 年为单位的，如制造企业；在信息时代，企业主业的蜕变已经演变为以年为单位，企业家要把精力要放在新主业的孵化上，从而保持企业的生命力，没有这种准备与作为的企业家，将会使企业面临巨大的风险。

第四节　战略应对

管理中的局与势

战略就是讲格局和布局，管理就是造势和借势。"局"与"势"是一组具有战略高度的概念。

"局"的概念重在体现认知范围及结构。认知范围有大小之分：认知范围大就是看问题的角度大，即能够从更高、更宏观、更全面的视角看问题；认知范围小就是看问题比较片面，即纠结于小问题、受限于小问题。"局"

的第二个含义是局的结构，了解了局的结构，就会知道其中的主要矛盾，以及事物的发展趋势。

"势"主要指认知范围内事物的倾向感。乘大势与找风口指的是外部环境这个范围内的倾向感，找到这个倾向感，就能轻而易举地顺势解决很多问题。

我们常说一个企业家的格局大、格局小，其中"格"是指看问题的深度，"局"是指看问题的广度，看问题的广度、深度就是格局。格局大的企业家看问题既全面又有洞见，格局小的企业家爱钻牛角尖，看问题容易以偏概全，只看表面。

有格局的企业家会从更广的视角认知企业的市场地位，即放眼全国甚至全世界，看清企业所在的行业、竞争对手，这就是我们常说的竞争格局。如果企业家仅从区域上、细分行业上看自己的企业，就会陷入自大而又危险的境地。例如，区域性品牌、细分行业企业，向来会被全国性品牌、全行业企业进行降维打击，而且这种打击常常是毁灭性的。

同时，有格局的企业家善于进行局内的结构处理，即布局和把握局面。布局是一个动态的过程，强调对局里面的事物结构进行主动调整。在企业经营过程中，布局既可以指全球市场的资源配置，也可以指企业内部业务结构的资源配置等。局面就是布局之后所形成的在一定时期内相对稳定的结构。局面是静态的，强调局里面的事物结构的客观现状，如全球行业结构、企业业务结构。

另外，有格局的企业家还善于把控管理的势。势有两种来源：一是舆论导向，即通过舆论让大家认同这就是事物发展的方向，其他方向是不正确的，或者是应该避免的；二是利益诱惑，即把资源配置在某些方向上，让从事这些方向的人容易获得成功，从而形成倾向感。当市场环境有了倾向感后，聪明的做法是顺势而为，这样阻力就会变小，从而实现目标。未来人与事物大部分都会按照这种方向演变，所以说以《新闻联播》为代表的媒体的信息传播，以及政府对产业的政策扶持都是造势，企业应顺应这种大势，实现政府与企业的双赢。

成功的企业家都是造势的大师，他们不但善于造企业形象的势、产品品牌的势、企业文化的势，还善于造各种促销活动的势、业务 PK 赛的势。只要造出势来，形势会裹挟着员工、消费者，使其按照企业创造出的倾向感顺势而行，从而使企业轻而易举地实现管理目标。2016 年，华为创始人任正非亲临生产现场，各大产品线高管无一缺席，2 000 余名研发人员宣誓奔赴一线的仪式就是造势。研发属于内向性工作，是与科学打交道，而销售属于外向性工作，是与人打交道，让研发人员离开舒适的国内研发岗位，去国外从事销售活动的成功概率是极低的，但华为造出这种大势，研发人员出国就成为自然而然的行为了，谁逆势反对就会承受压力。华为是一个造势的高手，通过造势，华为扭转了被动局面，实现了人才流动的目的。

企业家的成功既来自个人的努力，也来自历史的进程。个人努力是指通过什么样的布局，经过什么样的努力，开创了一个什么样的局面；历史进程是指通过了解行业、全国甚至全世界的市场形势，顺势、高效率地实现企业目标。

企业内部变革的时机

企业内部变革要讲究时机，时机不到，变革就会失败，而企业内部变革的时机是人心所向。斯隆救通用、郭士纳救 IBM、乔布斯救苹果都是抓住了变革的时机，在他们空降时，这些企业都已奄奄一息。其中，《财富》杂志详细描述了乔布斯空降前苹果的混乱局面："苹果计算机公司正步入危机，面对销售剧减（30%）、科技战略错乱、品牌价值流失等一系列问题，行动迟缓、手足无措，它已成为硅谷管理失控、说着科技呓语的典型代表。"也有媒体嘲笑道："无论谁做CEO，都是来埋葬苹果的。"在危机下，人心思变，乔布斯此时无论以何种方式调整战略、业务方向、组织结构，都会得到大部分人的赞同，也就是说，企业的高层、中层、基层，甚至任何一个利益受损者都会支持变革。因此，大部分企业的变革时机都是在销售停滞时。销售停滞了，变革就成了必然。因此，企业的销售停滞既是企业的"危"，也是企业的"机"。

时机到了，企业内部变革会得到最广泛的支持；时机不到，企业内部变革就会遭遇各种反对。反对的形式有很多种，或者是群情激愤地直接反对；或者是消极对抗，找一些借口来拒绝或拖延执行；或者是消极执行，试图用失败来证明变革不可行。在以上三种情况中，直接反对还是相对好的，企业可以据此提高警惕，而后两种情况相对第一种情况风险更大，会直接导致企业内部变革失败。

在进行变革前，优秀的企业领导者往往会事先进行试探，观察员工的动态，如果时机成熟就进行全面变革，时机不成熟就浅尝辄止，然后等待时机再推动。当然，企业领导者也可以创造推动时机，具体的办法就是小题大做、推动舆论，使变革成为大家的共识。此时的小题大做不是故意夸张，而是一种洞见，是见微知著。正如钱穆所说："我们得从极微处，从不注意、不着眼处，在暗地里用力。人家看不见，但惊天动地的大事业、大变化，全从此开始。"

企业内部变革的时机还取决于企业自身的准备情况：一是人才准备情况，在变革前，企业领导者要采取"千金买马骨"的策略，让人才的聚集成为一种趋势；二是要打造出新的建制派，把新人才打造成新的得利阶层，并让新的得利阶层强大起来，使他们成为变革的推动者与保护者，从而与享有当前利益的建制派形成一种制衡。如果人才与团队都没准备好，那么就说明企业内部变革的时机仍没有到来，企业还需要等待。

无论建制派失败，还是变革者失败，都不是企业所希望看到的，企业希望看到的是共赢，因此企业内部变革时间的早与晚并不是最重要的，最重要的是变革的时机。

第二章 去中心化：组织改造是裂变式增长的前提

确定战略之后，企业管理的主要对象就是组织结构，组织结构不经过改造，转型就会成为空谈。

要想实现裂变式增长，就必须建立平台化的组织结构，而打造有核心、有骨架、成本合理、运转高效、成长性好的组织结构是企业实现增长的基础。

有了组织结构，随后就是培养人才。自古以来，名君身边从来不缺名臣，而优秀的企业家身边也不会缺人才。企业一定要建立发现人才、培养人才的机制。

薪酬问题是组织结构改造的主要矛盾，是员工与企业的冲突关键点。做企业既要实现薪酬的内外部公平，还要考虑员工不同的心理诉求。

第一节　组织结构

业务转型的判断依据

组织结构不做改造，升级转型就会成为空谈。

企业的性质是由其组织结构决定的，组织结构决定了企业未来的运营效率、运营能力及作风。因此，任何企业的业务转型的前提都是组织机构的转型。

组织结构不做调整,那么企业在运营过程中一定会采用旧方法和旧思维,而任何企业想用旧的组织结构实现新模式,都是不现实的。旧的组织结构固化了企业的利益分配模式,并促进了建制派的形成,他们在潜意识里会坚持旧习惯,只有新的组织结构才能重建新的利益分配模式,并由其引领变革。我们以传统企业的组织结构与平台企业的组织结构为例,进行对比说明。

传统企业的组织结构是福特工业体系及大规模制造的产物,其信息传播方式是纵向的,其管理理念偏向于将企业看作工业机器,认为资本及机器是主导力量,通过科学化、精细化、模式化管理,就能够打造出最优秀的企业。

平台企业的信息传播方式是横向的社群组织传播方式,以开放、平等、自主等为主要特征。这一点与封闭、论资排辈、强调纪律服从的旧组织结构有较大不同,所以说,如果用传统的思想建设新的平台组织结构一定会失败。

苏宁是一家在组织结构转型上非常优秀的企业,苏宁共进行了三次大的组织结构转型。

苏宁成立于1990年,并快速成长为当时我国最大的空调批发销售企业,形成了以南京为中心辐射全国、包含4 000多家经销商的批发网络。1996年后,空调市场的供求关系发生了根本性逆转,同时空调厂家开始压缩中间商的生存空间,进行扁平化改造。此时,苏宁制定了"家电零售商"战略,将业务重点转移至零售方面,在总部设立相关零售管理部门,改变各地办事处的职能和工作重心,将人、财、物等内部资源向零售业务倾斜。

2000年,苏宁确定了面向全国市场的连锁经营发展战略,并准备进行第二次组织结构变革,其指导思想是"专业化分工,标准化作业",于是苏宁构建了"总部—大区—子公司"的三级组织结构，形成了总部、地区分公司和零售店铺的格局。在区域层面，苏宁着重建立完善的后台管理体系，形成了店面、客户服务中心、配送中心和售后服务中心的四大终端组织结构。

2013年，苏宁实施了互联网转型，从传统企业变为平台企业。在大区运营层面，苏宁把"大区—子公司—营运部"三级压缩为"大区—城市终端"两级管理。在总部管理层面，苏宁明确了连锁开发、市场营销、服务物流、财务信息和行政人事五大管理总部。在业务经营层面，苏宁组建了商品经营总部和大运营总部，商品运营总部下设17个事业部，分别负责不同商品类目下的商品规划、采购、供应链管理，大运营总部针对200多个城市实施扁平化垂直管理和本地化自主经营，对该区域的实体店、PC端、手机和电视机等线上、线下的销售渠道实行统一管理。

苏宁对战略与组织结构的相关性认知无疑是深刻的，也正是这种认知，使其连续三年入围《财富》杂志世界500强排行榜，2019年更是以370.32亿美元的营收排名第333位。

由上可以看出，苏宁任何一次战略转型，都会先调整组织结构，特别是在第三次从传统企业向平台企业的转型中，其组织结构变革的幅度更是巨大，正是张近东的这种魄力，才使苏宁能够在每次的商业环境变化中都顺利前行。

经营人力成本结构

在经营过程中，企业应通过量化数字控制人才成本与总收入的比例，这样才能确保组织的良性运转。

企业的利润水平与人力成本结构相匹配，这是一个非常重要的管理维度，因此企业的人力资源管理不仅要关注人才的培养与应用，还要关注企业的人力成本结构，选择适合本企业的人力成本结构，企业的经营才会变得良性，而不是不计成本地打造团队。

企业人力成本结构首先取决于行业的利润水平，行业利润率高，人力成本的承受能力就强；行业利润率低，人力成本的承受能力就弱。例如，品牌企业的利润率高，代工行业的利润率低，这就决定了这两个行业的人力成本承受能力是不同的，因此苹果公司可以选择高人力成本模型，可以随意选择学历高、经验丰富的员工，而富士康只能选择低人力成本模型，只能自行培养人才。

企业选择了对应的人力成本模型后，还要保证人力成本模型的稳定性。保证企业人力成本模型稳定的办法只有一个，那就是保持合理的员工流动性，如果员工流动性不强，企业人力成本无疑会逐年递增。华为的高薪政策促进了员工的奋斗精神，但也降低了员工的流动性，此时就必须采用一定办法来强制员工进行流动，否则就会面临高成本困境。所以说，员工流动性不强的企业一定会引起人力成本结构的变异，进而影响企业的经营。

什么样的人力成本结构是合理的？我们可通过以下三个量化指标进行测量。

- 人力成本与毛利的比例。这是一个宏观指标，常用来进行总额控制。企业通常所说的工资包、奖金包、股东包、留存包就是基于这个框架的。
- 高层管理者与普通员工的成本比例。这一指标体现了企业的人才观，也决定了企业的人力成本结构。目前，在整个西方管理界，该比例之高已经达到了夸张的地步，这是不健康的。
- 骨干员工与普通员工的成本比例。在这一人力成本结构中，企业应向关键员工及骨干员工倾斜，这也是大部分企业执行不到位的地方。

为了达成企业的人力成本结构目标，企业应经营人才，如保持高成本员工的数量，加大对低成本骨干员工的回报，这样既能实现组织目标，又能保证低人力成本。在保持高成本员工的数量上，企业要加强他们的流动性，把某些成本过高的人才调离现有组织。高成本员工意味着其能力强，因此企业应将其纳入更高层的组织，而且更高层的组织是能够消化这个成本的，这是保证低人力成本的必要手段。

在人力成本结构维护过程中，经常会出现高成本员工的流动性不强、低成本骨干员工大幅流动的问题，企业要意识到，只有高成本员工的流动性提升了，低成本骨干员工的流动性才会下降，倒置因果是解决不了问题的。

打造团队的核心

国家管理需要打造组织的核心，企业、部门管理更是如此，有核心的团队才是稳定的、抗风险的团队。

为什么团队需要有核心呢？人是社会动物，从大众心理学上看，人们需要一个核心角色，有了核心，团队就有了凝聚力，人心就会稳定，没有核心的团队，团队成员在心理上就会没有归属感，从而各自为政、离心离德。如果一个团队的领导者不是一个好的核心，不敢承担责任，那么再好的团队都会被毁掉，再好的人才都会被埋没。因此，团队管理的第一要点就是打造团队的核心。

打造团队核心也是文化建设的需要，任何一个团队都是有亚文化的，而团队的亚文化是由团队的核心决定的。拥有核心的团队，其内部会比较公平，沟通交流会比较顺畅，气氛会积极向上，向心力会比较强。没心核心的团队，其内部就会钩心斗角，气氛压抑，从而出现大量的人员流动，其业绩与员工的稳定性都会比较差。对于团队的核心，要选择沟通能力好、积极向上、心胸宽广者，这样才有可能将其打造成团队核心。

另外，对于一个团队的核心，其德与位应相匹配。团队核心是团队的灵魂人物，只有他成为大家的导师，成为大家学习的榜样，大家才愿意为他付出。如果遇到团队核心的能力与其位置不匹配的情况，企业要尽快调整，这样才能真正让团队稳定下来，而不要去照顾其面子，毕竟企业是要发展的。

我曾亲身经历过一个案例，某咨询公司同时在上海与广州分别成立了分公司，这两家分公司的差别就在于广州分公司的领导有业务能力，会通过沟通团结员工，结果广州分公司发展迅速，成长为一家规模公司。而上海分公司则完全相反，其领导是一个自省式人物，天天写日记，非常努力，但由于在业务方面缺乏说服力，也不会沟通，上海分公司即使在总部不计资源的投入下，也不能留住人才。造成这种结果的原因是上海分公司的员工内心没有归属感，即使总部的线条管理再努力，也替代不了本地核心的作用。

在管理过程中，企业一定要从制度上支持团队的核心建设，让员工产生归属感，以实现团队的团结与稳定。

打造组织的脊梁

打造组织的脊梁就是甄别、培养与提拔骨干员工，使其成为组织的脊梁。

企业骨干员工的数量大约占员工总数量的 15%。骨干员工是真正支撑企业运转、引领企业文化、决定企业业绩的核心力量。管理好这 15% 的骨干员工，就能管理好企业。

分辨骨干员工与普通员工是企业的一项重要工作。一家企业如果不能体系化地分辨骨干员工，只是偶然提到一两个表现优秀的员工，那么这家企业的人才管理就是不到位的，该企业既不知道工作主要靠谁完成，也不知道企业在困难的时候该依靠谁，同时也说明该企业在待遇上没有向骨干员工倾斜，所有员工都是在吃大锅饭。

在企业管理中，我们经常会犯"甲重要、乙也重要"的错误；或者主观因素过多、评选指标过多的错误，这些都是管理者远离现场、对业务不了解、无法认知人才所导致的。

企业对骨干员工的梳理标准必须是客观的，只有标准客观，人才的排序才是服众的，才能引导员工走上正确的发展方向。对骨干员工的分辨应从三个方面来进行：个人态度、个人思路与个人业绩。一般来说，个人工作态度积极、有工作思路、工作业绩突出的员工就一定是骨干员工。

骨干员工的工作态度一定是积极的，是企业先进性的代表，也代表着企业的文化，他们是企业其他员工学习的榜样，影响着企业的士气。当然，骨干员工的心态也是随着时间的变化而变化的，去年是骨干员工，今年有可能不是；去年可能是一般员工，今年可能是骨干员工。企业要动态地看待员工，每年都要对员工进行评估。

骨干员工对于工作往往有着自己的思路，也会建立自己的方法论和逻辑，即使工作背景或条件出现一些变化，他们也能有条不紊地开展自己的工作，让工作回到正确的轨道上来。

拥有了积极的工作态度与正确的工作方法，骨干员工一般都会有突出的业绩。在企业中，骨干员工的个人业绩往往都是最优秀的，骨干员工的业绩通常决定了部门业绩的水平与稳定性。

因此，能分辨出骨干员工并给予关注，在晋升、绩效方面向他们倾斜，就是企业人才管理最核心的工作。对于人才的"招、用、育、留"四大管理内容,其核心就是围绕骨干员工进行的。

当然,有些骨干员工可能会遇到"偏科"现象,即某一方面的技能特别强,另一个方面的技能又有明显的短板。骨干员工的这些短板或许是天生的,补起来非常困难,不能简单地按照木桶原理进行管理。在实际经营过程中,企业可以为骨干员工搭配副手,用副手来弥补其短板。

对于普通员工,我们认为有两类:一类是初入职位,需要时间观察的员工;另一类是培养不出来的员工。对于培养不出来的员工,企业不能长期容忍,毕竟企业不是其父母,素质教育的责任在于父母,不在企业。企业应有明确的是非观,这样才能更好地管理人才。

如果企业长期不对员工进行区分,就一定会出现劣币驱逐良币的现象,如员工不愿意接新工作、员工不愿意接有挑战性的工作、奋斗者会被嘲讽等不良现象,这样会使骨干员工丧失斗志,进而产生离职倾向。这种倾向一旦爆发,很容易让企业伤筋动骨。

人才管理就是把精力、资源投入在 15% 的骨干员工身上,对骨干员工进行培养与帮扶,从而大幅提升企业的运营效率。

第二节 人才培养

建立正确的人才观

成功人士的身边不会缺少人才,而人才也是企业家渴望得到的资源,但现实往往不尽如人意。企业家在人才观念方面有三个问题需要解决，即什么是适合自己的人才、人才从哪里来、人才该如何用。

没有绝对的人才，能满足企业现阶段需求的人就是人才。追求绝对人才是企业经营最大的误区，经营人才应先了解人才。例如，外企与民营企业对人才的需求是不同的，华为与联想对人才的需求是不同的，10 亿元规模的企业与 100 亿元规模的企业对人才的需求无疑也是不同的。

企业人才分为两类：创新人才、执行人才。企业可以把能够确定发展方向或能够在技术上进行发明创造的人归为创新人才，创新人才是很难培养的，只能收为己用。企业可以把偏向具体问题的解决、执行力强的员工称为执行人才，执行人才是可培养的。

解决人才问题，本质上就是要解决创新人才的归附和执行人才的培养问题。有了人才就有了发展的资本，这是一个基本的道理。华为在创新人才归附方面的做法也是可圈可点的。2009 年，在北电网络破产时，爱立信忙着抢技术，以 11.3 亿美元买下 CDMA 和 LTE 的资产；诺基亚忙着抢客户，将北电网络的客户拉到自己的服务体系下；华为则忙着抢人，将北电网络的创新人才收入囊中。华为经常为创新人才的归附改变自我，其中不乏为个人就近设立研究所的案例，也不乏大力支持高校教授进行课题研究的案例，正是这些创新人才奠定了华为成功的基石。

执行人才在获得上要容易得多，大多数执行人才都是可以通过自主培养获得的。企业要认识到：执行人才越多，企业的业绩就越好；执行人才就在你熟悉的员工里，企业要学会发现这类人才；执行人才是可变化的，前一阶段的执行人才，在后一阶段可能会变为普通员工。

"千里马常有，而伯乐不常有。"企业家要从众多员工中选出人才，这是一项具有挑战性的工作。企业家要了解企业长期战略的需要，知道自身业务需要，如果企业家没有明确的判断标准，就会认为能说会道、让自己舒服的员工就是人才。当然，如果企业家确实不知道什么是长期战略、业务需要，那么某些基本素质，如上进心、奋斗精神、逻辑能力都是很好的判断依据。

企业家应用发展的眼光看待人才。人才是有局限性和阶段性的，本阶段的人才不一定是下一阶段的人才。企业已经发展了，业务已经变化了，如果原来的人才不学习、不进步，自然就会被其他人超越，这样的人自然就不是人才了，他们反而会成为企业发展的瓶颈。很多企业家会以静止的观念来看待人才，这是一种思维惰性，也是企业家情感上的自我保护，虽然打破对旧人才的认同对企业家有些残酷，但这是不得不做的事情。

企业家真正的作用是明确业务发展方向及带领中高层成长，这两个作用是相辅相成、相互促进的。没有对中高层人才的讨论、质疑，企业家的觉悟也是受限的。企业在发展，业务在变化，标准在提高，让人才持续成长已成为企业家的一项重要工作，企业家要把时间花在对人才的培养上。

如何解决团队经验短缺问题

小企业在快速扩张到一定规模后，需外聘有经验的人员来帮助企业快速提升管理水平，以便快速学习成熟企业的管理办法与思路，避免企业走弯路。

然而在实践过程中，这一想法很难实现，其主要原因在于人才对自己的定位与企业对人才的定位是错位的。有着大企业工作经验的人才，无论是创新人才还是执行人才，如果想换工作，都会抱着人往高处走的想法，都想选择形象好、口碑佳的企业。然而，快速扩张的小企业在企业形象与口碑上尚不如意，因此这类人才一般不会将小企业纳入选择名单中。但小企业的招聘目标又恰恰是这些大企业中有经验的员工，认为只有具有大企业工作经验与视野的人才才能满足企业自身的需求，因此就产生了双方需求的错位问题。

我们经常看到的现实是：企业业务蓬勃发展，管理却越来越乱，员工牢骚越来越多，企业慢慢陷入管理拖累业务的困境。此时，只有解决人才错位问题，企业才可能顺利进入下一轮的竞争。回顾诸多获得成功的企业，它们都成功地解决了这个问题，但解决的办法各有不同。

大多数企业都是通过培养自有员工解决这一问题的，只是培养方式有所不同。例如，方太公司在成长过程中，由于招聘不到有经验的人才，就制订了"飞翔计划"，即通过大力培养老员工以弥补人才缺失问题，并且积累了丰富的管理知识和经验，最终支撑了企业的扩张，形成了独特、成熟的方太文化。

也有一些企业是通过引入咨询公司解决这一问题的，如华为。从1996年开始，华为就一直在引入外部资源，包括各高校教师团队及全球多家知名咨询公司，由其对华为的企业管理与员工成长提供指导，其中最为经典的就是中国人民大学教师团队为华为起草的"华为基本法"，以及IBM公司为华为制定的IPD研发体系。

还有一些企业是通过建立对标对象去解决这一问题的。例如，当年洋河公司在迅速扩张的时候，由于地理位置的原因，在招聘专业人才方面有极大的困难，因此洋河公司当年要求每个部门都寻找一家知名企业的部门作为对标部门，向对标部门学习，这也取得了良好的效果。

另外，企业也可以通过猎头公司来解决这一问题。通过猎头公司，以高出人才本身的职位、以高出同行两倍甚至更高的待遇或通过股份期权吸引人才，也能在一定程度上解决人才短缺的问题。但是，该解决方案后患较大，如果人才选择错误，如其实际能力不强，若再加上内部公平无法平衡，就会给企业带来巨大的风险,这也是空降的职业经理人"存活率"较低的根本性原因。

解决人才错位问题的方法有很多,但从根本上讲,自己培养人才才是真正的解决之道。企业应全力培养自己的员工,以员工的快速成长来弥补人才短缺的问题。对于创新人才,企业应将引入与培养并重,不丢失任何一个得到创新人才的机会。

中高层的学习成长

随着企业的发展,企业中高层往往会因为在视野、知识、能力等方面的局限,导致力不从心,从而无法跟上企业的发展进程。此时,企业是应引入外部职业经理人,还是提升中高层的能力呢?

通常情况下,企业会选择引入职业经理人,利用职业经理人的成熟经验支撑企业的运营。很多人以为这是最经济、最高效的方案。但实际上,借助空降人才的方案往往是一厢情愿,因为空降人员并不一定能帮助企业解决问题,同时由于空降人才与企业文化的契合度较低,往往会对企业造成较大冲击,特别是企业文化较为明显的企业。

企业的老员工,特别是中高层,对企业的忠诚度是企业最宝贵的资源,是企业稳定的基石,也是企业长期发展所要依赖的资源。那么如何培养这些员工,使其跟上企业的发展进程呢?

相对于成熟企业的中高层,跟着企业一步一步成长起来的中高层有两个缺点:一是专业性不强,视野不够开阔,如不知道大企业应如何进行人力资源管理、如何做营销,一般都是在摸索中操作;二是管理能力不足,以前管理十几个人,现在要管理几十个人甚至几百个人,根据管理基本规律,十几个人与几百个人的管理方式有着巨大差别，因此，如何学会新的管理方式、如何培养自己的领导力就成了其首要问题。

我们常说，一个跟得上企业发展步调的中高层，应该是一个学习型人才，只有这种中高层才有可能去研究和学习竞争对手，才有可能积极参与内部变革，才有可能领会企业战略，从而更好地支撑企业的发展。那么，如何培养中高层呢？

首先，企业应促使中高层形成学习的心态。中高层只有具有学习的心态，对新事物感兴趣，才能勇于拥抱新思想。但大部分中高层做不到这一点，他们对自己不熟悉、不了解的事情总是拒之千里，对与自己意见不一致的人总是排斥打击，进而因循守旧、抵触变化、固守旧思路，这是大部分企业中高层的瓶颈所在。因此，对企业中高层的培养，最核心的内容是为其营造一个好学习、喜欢接受新事物、思想开放、热衷变革的氛围。

其次，企业应鼓励中高层开展多样化的学习。在横向的信息传播时代，学习的方式有很多种，如与他人聊天，人们往往能在与他人的聊天中获得启示，并据此提出一些创新想法，而且效果非常好；看公众号等，目前在各种公众号、论坛中有很多优秀的文章，这些文章都是作者多年的心得，我们可以从中关注一些具有专业性的热点、难点，学习别人的优秀经验等；参加各种高峰论坛、向专业人才学习、向咨询公司学习、向竞争对手学习等；看书是最重要的，好的专业书是优秀人才的经验总结与沉淀，相对于碎片化信息，书中的内容是系统化的。

企业可以通过以下两点来判断对中高层的培养是否有效。

一是看其工作办法多不多。中高层一旦打开了学习之门，其个人思路就会被打开，解决问题的方法就会多起来，并且不会固执于某个方法。

二是看其有无创新成果。对中高层的培养成果体现在其日常工作中，即中高层是否能在日常工作中灵活、变通地处理事情，不会束手无策，而是积极创新，看到好的措施就会在企业中推行。

培养中高层，让中高层的能力跟上企业前进的脚步，是企业必须要做的事情，而且是必须做好的事情。

基层员工的管理与要求

基层员工所在岗位可以划分为操作性岗位与非操作性岗位，对于不同岗位的基层员工，企业要用不同的思路进行管理。

操作性岗位通常是指进行重复性工作的岗位，如生产线工人岗位。该岗位的技能是很容易学会的，因此对操作性岗位的基层员工的培养非常迅速，几天就能培养出一个合格员工。大部分基层岗位都属于操作性岗位，因此解决好操作性岗位的管理问题，就能解决大部分基层员工的管理问题。

非操作性岗位通常是指专业技术类岗位、创新性岗位、决策类岗位。这些岗位虽然不多，但管理起来却是最复杂的。

（1）专业技术类岗位。这类岗位对技能的要求较高，企业需要对这类岗位的员工进行长时间的培养，以确保其胜任岗位工作。以品牌设计岗位和财务岗位为例，这些岗位的任职要求为必须是科班出身，并具备相关知识。当然，也不是所有的专业技术类岗位都需要科班出身的员工。科班出身的员工与非科班出身的员工的不同点在于：科班出身的员工理论功底扎实，能够将理论与实践相结合，能够掌控该岗位工作的原理，并能进行创新优化；非科班出身的员工则很难实现岗位工作的创新优化，只能简单地重复工作。

（2）创新性岗位。这类岗位的特点是入门容易但精通很难，如销售岗位和战略采购岗位。销售岗位非常容易入手，但要想真正成为销售专家，是非常困难的。战略采购岗位要求员工不但要熟悉产品，还要熟悉谈判技巧，这些技能比较容易掌握，但要想精通，就要看员工的悟性了。

（3）决策类岗位。这类岗位的特点是需要上岗员工具有相关经验及悟性。以营销中心的市场统计分析专员、制造计划中心的计划专员为例，市场统计分析专员需要对销售的走势及异常情况进行判断，计划专员需要对多个计划方案进行比较，从而选出最优方案。对于这些岗位，企业可以通过机制建设，使新员工相对上手简单，但要使其做出正确的判断则需要很长时间的培养。

了解基层员工之间的差异，才能管理和培养好基层员工。另外，企业应持续地给新员工足够的压力，这样大部分新员工都会带给你惊喜。一个新员工进入社会，其最幸运的事是遇到一个有责任感的上级，既严格要求，又对其耐心进行打磨，使之在艰苦环境下快速成长为既专业又职业的人才，从而使其之后的职业道路更加顺畅。

给基层员工设定标准时应慎重，过高的标准和过低的标准都是不合适的，最好的办法是先设定一个普通标准，在员工的熟练度或专业水平达到一定程度后再提出更高的标准，这就是日本管理界所讲的精进。

企业应抓住"基层员工严要求"这个关键点，设定基层员工的考核周期，从而了解基层员工的基本素质，同时不断对基层员工提出新要求，让基层员工不断成长，并实现自我价值，这也是基层管理的诀窍。

如何进行赋能管理

管理的最高境界是赋能，被赋能的组织或员工会主动、积极地承担相关工作，并追求业绩的最大化。

赋能管理比较适合平台企业，因为平台企业中常常有几十、上百甚至上千个小组织，要想管理好这些小组织，唯一的办法就是给各小组织的员工进行赋能，通过培训、咨询等，使这些员工快速成长，积极、主动地追求业绩。

1. 赋能者必须具备赋能的能力

具备赋能的能力是一个非常高的要求，赋能聚焦于能力而不是资源，并不是说提供资金就是赋能。因此，赋能者必须具备比被赋能者更丰富的经验、更优秀的洞察力，并具有规划愿景的领导力，甚至是精神领袖的魅力。

员工赋能是围绕目标进行的，企业应确保在赋能后员工就能实现工作目标。因此，具体赋什么能，要看企业对成功的定义是什么、对能力的需求是什么。根据岗位的不同，企业对这些方面的要求有着较大的差异。例如，销售岗位的成功体现为更多的销售额与更高的利润，因此销售岗位的赋能就是产品管理、销售技巧、客户管理的能力等。

很多人容易把赋能理解成"打鸡血"，或者是传销式的洗脑，这是错误的认知。赋能的本质在于赋能者帮助员工成功，如果不能做到这一点，赋能就是不合格的。

2. 选择合适的被赋能者

企业赋能的成功与否，主要取决于被赋能者的选择是否恰当。在选择被赋能者时，企业应尽量选择有爱心、有进取心的员工，这样才能确保赋能工作简洁、有效。如果选择有欲望、有激情、有创造力的员工赋能，他们会成为企业发展的发动机；如果选择得过且过的员工赋能，其结果是可想而知的。所以说，选择什么样的被赋能者，基本决定了企业赋能能否成功。

工作中有一些无法被赋能的员工，如负能量较高、没有进取心、沟通有障碍的员工。还有一类员工被赋能也是比较困难的，即偏执性员工，他们通常自以为能量很足，个人也有梦想，但由于比较偏执，被赋能后容易造成能量的冲突，从而影响赋能效果。因此，赋能还有一个通俗的说法，就是选择意见相近的员工。

3. 建立企业赋能制度

名师带高徒，这是个人与个人的赋能。建立企业赋能机制，就是把"名师带高徒"机制化、普遍化。所谓赋能机制，就是将赋能制度公开化、具体化，明确赋能者和被赋能者，并且要常讲、常比、常刺激，这样才能在进行赋能工作时做到上下同心。同时，企业还要将赋能制度化。赋能制度就是系统化地培养、辅导员工进步的制度。

企业的赋能机制能否得到有效执行，取决于企业对被赋能者成功实现目标后的激励措施。大激励大赋能，对于能力突出的员工，一定要越级提拔，让他们越级参加会议，这才是真正的赋能，这样才能更好地在企业推行赋能工作。如果被赋能者成功实现目标，还要一层层选拔上来，那么赋能工作就会大打折扣。

一家擅长赋能的企业，在给组织内部赋能后，必然会给下游的客户、加盟商、代理商、经销商，以及上游的供应商、合作伙伴赋能，即为产业链条赋能，从而获得远大于竞争对手的链条优势。

第三节　人才管理

建立员工公平感

西方管理学界对企业的基业长青进行了研究，但这是一个假命题。

以国家机器保护的政权会灭亡，以血脉延续的家族会消亡，企业有什么理由会基业长青呢？任何企业都做不到永续，历史的发展就是优胜劣汰，人类也因此养成了私欲的本能，而企业的存续就是与私欲做斗争的过程。企业纵使有过短暂的胜出，但从长期来看，企业不可能持续胜出，私欲一旦胜出，企业就会逐渐崩塌。

任正非认为，从哲学上讲，华为走向灭亡是必然的，我们只能努力使组织存续的时间尽量久一些。懂得了企业的发展趋势，企业的管理决策就会更有高度：坚持与私欲斗争是企业生存的根基。

企业规模还小时，其内部的公平性是很容易掌控的，而且可以平衡多个诉求，因此小企业的发展会顺利很多。但是，当企业规模变大时，维持其内部的公平性的难度就会增加。如何维持大企业内部的公平性是管理上的一个巨大挑战，这也就是常说的"100 人是一个管理挑战，1 000 人又是一个管理台阶"的原因。

维持公平并不是维持绝对的公平，而是维持付出与回报之间的公平，可以是对等交换的公平，也可以是动态的交叉式公平。例如，不给晋升回报，但给了关注度回报。

就付出来讲，主要包括七个方面：学历、经验、能力、岗位价值、努力程度、业绩、忠诚度。

就回报来讲，主要包括三个方面：待遇、成长（晋升）、关注度。

- 学历。对于应届毕业生来说，学历较为重要，企业通常会以此作为确定员工入职待遇的依据。
- 经验。如果员工来自业界标杆企业，或者其他大型企业，具有某些行业与非行业经验，而且这些经验对于企业意义重大，那么企业会为其付费。例如，挖竞争对手的员工、让老员工拿高工资，就是为经验付费。
- 能力。如果员工的能力较为突出，企业会为其付出成长（晋升）的对价，当然这种对价也包括待遇与关注度对价。
- 岗位价值。由于企业各岗位的价值不同，不同的岗位需要不同的责任心，因此企业需要为其付出待遇对价。
- 努力程度。努力程度属于个人的心态，企业需要为其付出关注度对价。
- 业绩。企业通常会针对员工业绩付出待遇对价。
- 忠诚度。企业为其付出的是成长对价，当然也包括待遇和关注度对价。

与私欲做斗争说起来容易做起来难，即使我们有最合理的平衡办法，也会由于人性的钻营而出现不公平的情况，当这种不公平累积到一定程度时，就会使企业崩盘。

解决公平性问题有两种办法。一种办法是保证企业业务持续增长，如果企业业务是增长的，待遇也在增长，那么大家会相安无事；如果企业业务是下降的，待遇有增有减，那么矛盾就会被激发。另一种办法是提高外部公平性，如果企业待遇相对于外部同行业其他企业超出很多，那么员工会在外部寻找公平感，即使内部稍有抱怨，也可以容忍；当企业的待遇与外部相比没有较大优势时，企业就需要在内部下大力气提升公平性。

但遗憾的是，我们无法让企业永远保持增长，也无法使其一直保持外部优势，因此在企业遭遇发展瓶颈时，若不尽快找到新的突破口，企业就会慢慢死亡。

薪酬的公平原则

企业与员工之间的矛盾爆发点是薪酬，这也是企业管理的主要矛盾，而该矛盾的主要方面是公平性。

连韦尔奇这样的奇才，也会因为奖金不公平而决定离职。1960年，韦尔奇花了一年的时间改造新工厂，此事获得了其所在企业的极高评价，但奖励仅有1 000美元，并且只要参与的员工都获得了相同的奖励，韦尔奇对此感到十分失望，于是他决定离职。在韦尔奇临走的前一天，其上司通过4个小时的劝说才将他留了下来。随后韦尔奇于1981年成为该企业的CEO，并最终把该企业的市值从130亿美元提升到了5 940亿美元。因此，企业不能寄希望于员工的人格伟大，而是应在薪酬的公平性上下力气。

员工薪酬一般分为三个部分：一是固定部分，包括基本工资、职务工资、补贴等，这一部分相对固定；二是绩效部分，即KPI浮动的部分；三是分红部分，该部分随经营结果的变化而变化。

在员工薪酬的三个部分中，固定部分公开透明、规则简单，是所有员工都相对认同的一部分；绩效部分主要应用于日常工作的KPI考核，是对员工平常的工作态度、工作结果的过程性评价，谁对企业的贡献大、谁的工作重要，其差异与评分也基本能获得大家的理解；分红部分是由重大项目及经营结果决定的，这与近期流行的目标与关键成果法（OKR）相似，这部分薪酬的金额变动较大，属于比较敏感的部分，处理不好会成为矛盾爆发点，而且这一部分影响的是企业的核心员工，因此是企业薪酬管理工作的重点。

由于薪酬是员工与企业之间的主要矛盾点，因此有些企业会以工资包的方式将这一矛盾点转移到各个部门。这样做最大的好处是矛盾爆发后，员工很少会对企业抱怨，他们会抱怨部门领导。如果这种矛盾被激化，企业可以对部门领导进行调整，从而化解这一矛盾，而不是一上来就是企业与员工的终极对决，因此有了很多回旋的余地。

对于薪酬方案的确定，企业也应建立相关机制来保障其公平性，如将薪酬方案的确定权交给企业薪酬委员会，建立企业薪酬的基本范围，如总经理的薪酬范围、经理级的薪酬范围、员工的薪酬范围。业绩决定了薪酬范围的幅度，这样，把公平性、风险性、平衡性都纳入该机制之中，薪酬范围就容易获得员工的认同。

由于薪酬涉及很多因素，最终决定了员工对企业内部公平性的认同，因此企业必须将薪酬与金字塔式的团队结构结合起来，即按照核心、骨干、积极分子、普通员工的金字塔式结构进行薪酬设计，各层级人员的薪酬水平要有所差异。

同时，企业的薪酬管理工作还要具有阶段性。在人才缺乏时期，针对表现优秀的员工设定目标，并承诺涨薪，以提升其上进心与工作稳定性；在人才充足时期，应严格执行企业的相关标准，以培养出更优秀的、更具理想的人才。

第三章 生态机制：科学构建平台的管理机制

与传统企业相比，平台企业最大的不同就是依靠机制。

传统的管理模式认为，企业像机器一样，可以通过流程、制度实现各配件之间的精密配合。数字化管理模式将数字化理论发挥到了极致，认为管理企业就像开车，可以利用一系列数字模型（驾驶仪表盘）进行管理。

同时，传统的管理模式还创造了一种时空中不存在的管理对象：最佳管理实践。西方管理学者认为，最佳管理实践是所有企业学习的标准答案，与最佳管理实践越接近，企业的管理水平就越高。

而平台管理模式则认为，管理者在人与事的纠缠中没有一个可以依赖的模式，只能在现场不停地对问题进行总结与反思，并不断在问题解决过程中形成自己的管理理念。所以说，平台企业最好的管理模式就是构建管理机制。

第一节　增长机制

机制的重要性

"机制"是一个动态的概念，主要反映了企业运行层面的原理，即企业如何组织、如何围绕核心点去构建一项工作的运行方式，以保证良好的运行效果。

构建一个好的人才机制，人才就会如雨后春笋般地涌现；构建一个好的激励机制，员工们的工作热情就会被激发出来；构建一个好的研发机制，优秀的产品就会源源不断地被创造出来。良性机制多了，企业就会自行运转，企业家缺席与否就不再重要了，所以，构建机制是每个企业家都在追求的最高管理境界。

企业都有哪些机制呢？宏观层面的机制包括经营机制、分配机制、决策机制等；中间层面的机制包括竞争机制、人才培养机制、投资机制、激励机制、研发机制、监督机制、制约机制、风险预警机制等；微观层面的机制包括价格涨落机制、成本机制、利润保障机制等。以上是根据管理层级进行的机制分类，当然还可以围绕机制处理事务的对象进行分类，即企业有多少项事务，就需要多少个机制。每项事务都需要机制，有了机制才能构建事务的运行方式，才能保障事务的运行效果。

一项事务在运行，那么这项事务的推进必然隐含着一种机制，只是有些机制是自然形成的、多变的、无效的，而有些机制是经过设计的、稳定的、良性的。对企业来说，商战是你死我活的竞争，对效率与效益都有着最大化的追求，因此相对于其他社会组织，企业对机制的要求更高，每家企业都希望自己的各项事务在良性机制下运行，都比竞争对手更为可控、更为高效，这就是企业对机制的诉求。

建立机制容易，建立有效机制却是比较难的。有效机制必须建立在对某类事务的洞见之上，没有洞见的机制，大部分都是无效的。有人认为，把其他企业的机制照搬到自己的企业中就会发生化学反应，但现实往往事与愿违。这是因为企业忽略了自身的资源结构与其他企业的差异，这种差异导致了资源的运行逻辑的不同。

例如，华为 IPD 研发机制很好地解决了业务线目标、职能线管理、技术线储备，以及研发人员的工作积极性、项目研发周期的可控性、研发目标的达成性等问题。对于这一研发机制，来自 IBM 的顾问花费数年时间，通过与华为员工一同做研发项目，逐渐改变了华为研发人员的工作习惯，从而打造出了适合华为众多研发人员的研发机制。但是，如果企业只有几十个研发人员，而且其素质与华为的研发人员差异较大，那么照搬这套机制就注定是要失败的。

机制可以排除人为干扰因素。机制的一大作用就是无论谁操作，事务的结果都是可预期的；即使结果与预期有差异，这种差异也是可接受的，不会出现因为人员改变而产生不同的结果。那么企业该如何打造良性机制呢？

打造机制前要先认识机制。大家常说的员工招聘机制、培养机制、晋升机制、激励机制、退出机制，可以抽象到更高的企业人才机制，也可以抽象到下一层。例如，企业可以将激励机制划分为员工荣誉机制、员工奖金机制等。企业需要针对每一个层面建立对应的机制吗？答案是否定的，企业需要建立的机制是根本性的、面向主要矛盾的，就像医生看病一样，能在无数的病征中抓住最根本的病因才是治病的关键。

决定企业命运的机制主要包括企业用人机制、产品研发机制、一线荣誉感机制、重大风险机制。只要管理好这几个关键机制，企业管理就基本是顺畅的。

- 企业用人机制是根本。企业经营在本质上就是经营人才，经营人才的本质在于"用"，而不是"招、育、留"。企业学会了用合适的人做合适的事，人才就会归附，人才就会自我成长，人才流失率就会大幅降低。
- 产品研发机制是企业存在的价值。向客户提供有价值的产品是商业交易的前提，关注产品对客户的价值，就能为客户提供比竞品更有价值的产品，这是企业打造产品研发机制的目标。

- 一线荣誉感机制。一线团队的战斗力并不全来自物质激励,物质激励只是保障因素,仅对个人有作用,只有荣誉感才能激发一线团队的奋斗精神。
- 重大风险机制。重大风险机制主要是揭示外部环境、内部要素的变化对企业生存产生重大影响的风险,并对其进行制约与平衡。

以某产品研发机制为例,该机制通过研发大纲指导研发的原则与创新方向;通过研发规划表,为一线的销售节奏与销售任务提供支撑;通过研发任务书,确定研发成本、研发质量、交付日期等目标;通过平台性研发流程与研发规范组织相关资源,以实现销售目标;通过研发产品清单实现研后管理。该机制有六个文件,有输入、有输出、有规范、有目标、有动力、有结果,只要严格执行,就能排除人员的干扰因素;即使在人员较差的情况下,也能确保研发工作做到 70 分,在人员较好的情况下,就能做到 80~90 分,同时未来也不会因为人员的流动使研发工作产生极大的波动。这就是建立机制的作用。

一个机制建立后,其力量是极大的,能自发推动事情走在正确的道路上,但这种自发性与限制性往往也会带来反噬作用。例如,诺基亚建立的功能机研发机制支持诺基亚的功能手机取得了举世瞩目的成就,但这套机制也使诺基亚在智能手机的研发方向上举步维艰,并最终失败。任何成功的机制最终都会异化并埋葬自己,这就是机制的反作用。

结构调整机制

在企业管理中,结构是决定性的。有什么样的结构,就有什么样的运营。

以企业的结构、运营为例。

- 当销售决定企业成败时，生产部门就不那么重要了，此时企业的运营重点在于如何以更好的价格把产能过剩的产品更大量地卖出去。
- 当研发决定企业成败时，销售部门就不那么重要了，此时企业的运营重点在于研发出畅销产品。
- 当财务决定企业成败时，研发部门就不那么重要了，此时企业的运营重点在于找到足够的资金资源，以收购新兴企业、研发机构。

以部门的结构、运营为例。

- 有什么样的供应商结构，就有什么样的采购运营。如果企业在战略供应商方面发力，大部分产品的采购来源于战略供应商，那么企业采购的价格、交期、质量、信用条件，都已经被这个结构所决定。
- 有什么样的客户结构，就有什么样的销售运营。如果企业区域客户分布较为合理，企业客户规模分布合理，那么企业销售的增长、价格、应收、风险、现金流就会得到很好的支撑。

所以说，企业有什么样的部门结构、部门有什么样的业务结构、财务部门有什么样的资金结构，既决定了企业的运营能力，也决定了企业的管理水平。因此可以说，企业的运营能力及管理水平是通过结构设计出来的，而不是管理出来的。

进行企业管理或部门管理时，管理者要先设计一个结构，这个结构决定了它们的运营高度，之后管理者只需对这个结构的日常运营进行管理、优化。如果结构设计不合理，任何管理都不会起到质的变化，只会是小范围的调整。

因此，真正的变革就是调整结构。在企业管理术语中，"调整结构"通常被称为变革、改革、革命；"非结构化调整"则被称为改良、优化。以销售线为例，如果营销总部负责统计营销信息，那么各地方的销售部门就是业务主体；如果把营销总部调整为业务主体，那么各地方的销售部门就会成为执行者。这就是结构的变革，而这种结构变革是根本性变革。

洞见一件事情的本质，就是看其结构有无变化。结构未变，本质就不会变，只是换汤不换药，很快就会回到之前的状态。因此，企业要想进行平台化改造，就要先进行结构变革。未进行结构变革的平台化改造都是假改造，只有结构发生了变化，运行的机理与动力机制才有可能发生变化。

掌握了企业的相关结构，就洞见了企业运营的本质，就不会为事情的表象所迷惑。在管理过程中，企业应该打造交易结构、业务结构、供应商结构、客户结构、资金结构，并针对这些结构调整机制，这样企业的变革就容易成功。

打造动力机制

企业的动力来自哪里？

任何一个有机体都会有动力机制，如人的动力是心脏、汽车的动力是发动机、经济体的动力是主导行业等。企业作为有机体，也会有其动力机制，这个机制的动力如何，决定了企业的发展速度。

企业的动力包括企业家本身及其构建的动力机制。但从根本上来讲，只有企业家才是企业的动力源泉，如雷复礼拯救宝洁、斯隆拯救通用、郭士纳拯救 IBM、乔布斯拯救苹果。有了力挽狂澜的企业家，才能改变企业的动力机制，而不是所谓的管理流程与管理机制。管理流程与管理机制或许能锦上添花，但对企业发展速度的贡献是不大的。

企业家有两个使命：一是确定企业的发展方向与发展目标，二是打造动力机制。企业的动力机制就是围绕企业家打造各部门的动力机制。一家优秀的企业，一定会构建出以企业家为中心、以每个部门为动力补充的动力机制。

企业在打造动力机制时一定要意识到：动力机制是需要用心打造的，而且要不停地对其进行调整，一旦长时间停滞，动力机制就会失去活性。企业家领导企业的过程，就是根据业务增长与否，不停地构建新的动力机制的过程。

打造动力机制时，首先要明确各部门的动力机制一定要经常调整，企业可通过重新选择部门领导并围绕部门领导重组资源来实现；其次，不能限制支撑动力机制的资源的来源。支撑企业动力机制打造的资源不仅存在于企业内部，也存在于企业外部；内外部资源越多，能量的累积就越多，企业的动力机制就越灵活。

以上是打造企业动力机制的理念，而真正要使企业动力十足地运转起来，还需要通过以下四项措施。

- 建立项目机制，通过项目来消耗动力。每一个项目的成功都是企业的一次进步，没有项目机制，企业就会陷于内耗。
- 向员工赋能，通过组织各种模型方法论的培训，增强员工对项目的信心，激发员工的斗志。
- 大造舆论，让员工心动，这样资源才能得到汇集，项目才能更快地获得成功。
- 勤于总结，对坏习惯要加强纠偏。

企业家要意识到自己是企业的动力源泉，有意地通过制造差异建起内外部资源的势能，使之聚集到企业中，并最终把这些势能引向业务，努力实现创新突破，在这样有序的推动下，企业就拥有了发展动力。

业务裂变机制

在传统企业中，如果其规模越来越大，就会设立事业部，并按事业部进行管理。在平台企业中，则会对变大的业务进行裂变处理。如果不进行裂变处理，平台企业就会成为事实上的事业部，从而改变平台企业的性质，变为传统企业。

一旦平台企业建立了裂变机制，那么企业的成长就不再有天花板，就像细胞裂变一样快速发展。对企业来说，如何建立裂变机制呢？

首先，要保证裂变之前的业务是一个成功的业务，并拥有核心团队（有业务能力、有凝聚力、有士气），基于这种团队去裂变，裂变出的新团队一定也拥有同样的特质。

其次，要确认裂变后新业务的领导者。建议旧业务由原业务副手负责，新业务由原业务领导者负责，这样才能提高业务裂变成功的概率。这一点来自稻盛和夫的管理思路。稻盛和夫在"经营问答12问"中提到："旧业务已经成型，管理套路已经清晰，交给副手管理，也一定会有模有样，只不过必须经常检查一下；而新业务则必须由更有经验的、更努力的人操盘，新业务的情况复杂多变，没有两把刷子，业务是拿不下来的。"

最后，裂变出的新业务一定要有一定的基础。新业务从零起步，这就意味着该业务团队要承受更大的压力，如果几个月做不出成绩，就很容易打退堂鼓。如果在裂变新业务时带走一些老员工，划走一些旧业务，那么新业务团队就更容易在这些旧业务的基础上寻找新的增长点，从而促进新业务的成功。

同时，为了增加新业务成功的概率，平台企业还应该对新业务进行帮扶，在资源上予以倾斜，在流程上予以简化，要时常关注、提醒并及时帮助新业务解决运营过程中的实际困难。只有这样，新业务的领导者才能信心百倍地投入到内部创业中，从而跨过一个又一个障碍，最终实现裂变的目的。

第二节　优化机制

项目改善机制

平台企业建立项目改善机制是一种必然，而项目改善机制也是实现平台企业发展目标的重要机制。

标准化管理与项目化管理是完全不同的两种管理模式。

标准化管理是指每天重复的、有固定标准的业务管理模式。持标准化管理观点的人认为，企业是稳定、持续、可预测的，因此在管理过程中应强调流程管理、标准化管理、任职资格、岗位职责等，这些工具都是为日常重复业务服务的，一旦每天重复的业务管理好了，业务就是好预测的。

项目化管理是指以项目形式出现的业务管理模式。持项目化管理观点的人认为，企业必须要变革、有所突破，在管理过程中强调以流程优化项目、管理咨询项目、六西格玛项目、OKR 项目、销售总攻战、季度冲锋来实现管理目的，这些项目成功了，业务就会上一个台阶。

企业家秉持什么思维，企业就会以什么方式发展。如果企业家把企业管理看成标准化业务，就会用日常业务思维来管理，在这种思维下，企业家会认为企业的发展就是一个固定斜率直线，具有较高可预测性。如果企业家把企业管理看成项目化业务，企业的发展就是台阶型的，跨越时的不确定性也很高。一般来说，标准化思维会突出标准与流程，项目化思维会突出阶段性冲锋。

在我国过去的资源型增长模式下，企业家往往倾向于标准化管理。例如，某管理咨询专家在与一家知名车企谈管理咨询合作时，与其达成的管理共识为：企业标准化要达到规定员工在工作时是先迈左脚还是右脚。虽然这是当时企业流程管理的一个极端案例，但也说明了当时的管理倾向。

然而，在未来存量经济背景、企业普遍转型升级的大前提下，标准化管理将面临更多的困难。在这个大变革时代，企业应该关注项目化管理的开拓性思维和集中资源攻关的优势。就目前的管理现状及未来趋势看，企业管理一直在向项目化管理转型，逐渐以项目化管理为主，以标准化管理为辅。主要例证就是最近几年谷歌、微软的管理模式，它们最近实施的 OKR，其本质就是项目业务思维。同样，华为的管理模式也是项目化管理。

事实上，企业的发展由增长期与平台期构成。企业几年不进步，我们就说企业处于平台期，而且企业一旦突破了瓶颈，就会有一个阶梯性增长。在平台期，建议企业采用标准化管理模式。因此，在企业管理过程中，企业家要意识到项目化管理与标准化管理的区别、项目核心小组与传统组织的不同、项目工作过程管理方法论上的不同，以及传统的薪酬绩效模式与项目模式的不同，从而高效、高质量地做好项目工作。

随着企业对项目化管理与标准化管理的认知发生变化，其背后的企业文化也会产生较大变化。项目化管理以奋斗、拼搏为企业文化，标准化管理则以规范、职业为企业文化。谷歌、华为与宝洁、联想的管理风格是完全不同的，宝洁、联想是典型的标准化管理，谷歌、华为则是项目化管理。

同时，企业应有意识地加大在项目化管理上的时间投入，并要求中高层在项目上加大时间投入，通过项目化管理进行工作突破，通过标准化夯实基础，实现管理的节奏，促使企业迈向成功。

问题导向机制

问题导向机制是企业较重要的一种管理机制。

有些人认为，管理是非对象化的，总处于流动与转化之中，管理只能算是一个正在生成的对象，然而管理本身就是要参与生成管理，并引出管理意义，因此不存在一个抽象的范式，所有的管理出发点都是基于当下问题的改善，只有在现场解决了管理中存在的问题，并不断将解决方法总结固化，才能形成企业管理体系。

承认现状，改变现状，在现状的基础上以问题为导向实现企业目标，这是我国企业管理的基本方法。我国企业大多数是在资源不充分的条件下快速成长起来的，面临着各种各样的问题，其管理模式最大的特点就是以问题解决为主，并对成功经验进行总结。正如任正非所强调的，管理就是"坚持自己成功的东西，要善于总结我们为什么成功，以后怎样持续成功，再将这些管理中的哲学理念，用西方的方法规范，使之标准化、基线化，以有利于广为传播与掌握"。

稻盛和夫的管理理念也体现了这一点："就企业经营而言，我没有任何经验和知识。到底应该怎样经营企业，从一开始我就对此烦恼不已。从想法到方法，我每天都在认真加以思考。每当我有所感悟时，就把自己的想法记在笔记本上。当我开始经营京瓷公司的时候，我常常把记录了我的工作要诀的笔记本拿出来，添加上经营中新的体悟，并将这些体悟重新加以整理。"

根据任正非与稻盛和夫的观点，只有了解现状、认同现状、不否定现状，才能找到合理的问题解决方案；否定了现状这个前提，方案就有可能偏离事实。在这个过程中，企业管理者要坚决反对旁观者对现状的全面否定。

解决问题最忌讳的是头痛医头、脚痛医脚，不寻找问题的根源，只是针对问题的表象做一些强制规定，忽视了冰山下的问题，这样时间一长，就会爆发更严重的问题。那么企业该如何根本性地解决问题呢？

提出有洞察力的问题解决方案是极其困难的。企业是一个复杂的生命体，是多种变量不断交叉变化的组合，一家企业所处的地理、社会、人文、政治等环境不同，其变量的复杂程度也不同。例如，一家企业的问题可能涉及 1 万个变量，然而企业只发现问题表面的 20 个变量，那么依靠这 20 个变量制定解决方案，其结果往往会不尽如人意。因此，一般的管理者很难判断什么是真正的决定性变量，并很难理清它们的关系、把握其变化。

那么如何找到决定性变量呢？那就是必须抓主要矛盾。主要矛盾在哪里呢？主要矛盾往往隐藏在事物的结构中。结构首先是指各类利益相关者的结构，包括客户、消费者、供应商、合作者、员工、股东等；其次，每个利益相关者又可以细分为高层管理者、中层管理者、基层员工。在解决问题时，企业应明确哪个结构才是导致问题发生的真正原因，根据问题进行结构分析，定位问题，并依此制定问题解决方案。因此，并不存在一个抽象、直接套用就能够解决问题的方案。

问题导向机制不仅要解决问题，还要把任何一个问题的解决看作一次管理的提升，即不仅要解决现有问题，还要避免此类问题再次发生，这才是正确的问题导向机制。

第三节 管理机制

竞争管理机制

企业经营存在着三种形态的竞争：同行业各企业之间的竞争，企业内部老大与老二的竞争，企业内部老二与老三的竞争。

先来看同行业各企业之间的竞争。同行业各企业之间的竞争受限较少，只受法律或行业生存条件的限制，因此同行业各企业之间的竞争非常激烈，只有在涉及行业生存时，双方才会坐下来进行勾兑，否则就不会妥协。也正因如此，我们认为各行业巨头所有的缓和都是暂时的。

对于同行业各企业之间的竞争，如果是充分竞争的行业，一般都会先演化出双巨头，再形成一家独大的局面，这是符合市场和品牌发展规律的（见图3-1）。所有企业都非常明白，企业间的竞争是非常残酷的，所以企业的最终目标都是彻底打败竞争对手，而不是心存侥幸。

图3-1 同行业各企业之间的竞争

再来看企业内部老大与老二的竞争。在一家企业的内部，老大与老二的竞争类似于"君权"与"相权"的竞争，这也是一种历史发展的必然。虽然企业内的老二一般是老大一手培养起来的，也曾对其有绝对的信任，但由于老二在工作的过程中需要培养自己的团队，因此其势力会慢慢地壮大起来。而一旦老二的势力大到一定程度，就会对老大的权力产生限制，此时"君权"与"相权"的竞争就有了苗头。此时一定要及时处理，否则任由"君权"与"相权"的竞争发酵，无论结果如何，都是极其悲剧的。

更可怕的是，在老大与老二的竞争中，由于老二在地位上处于下风，其通常不具备赢的可能性，因此老二也许会引入外部力量，与外部力量进行勾兑，借助外部力量与老大进行竞争，这种勾兑对企业整体利益的牺牲是极其可怕的（见图3-2）。

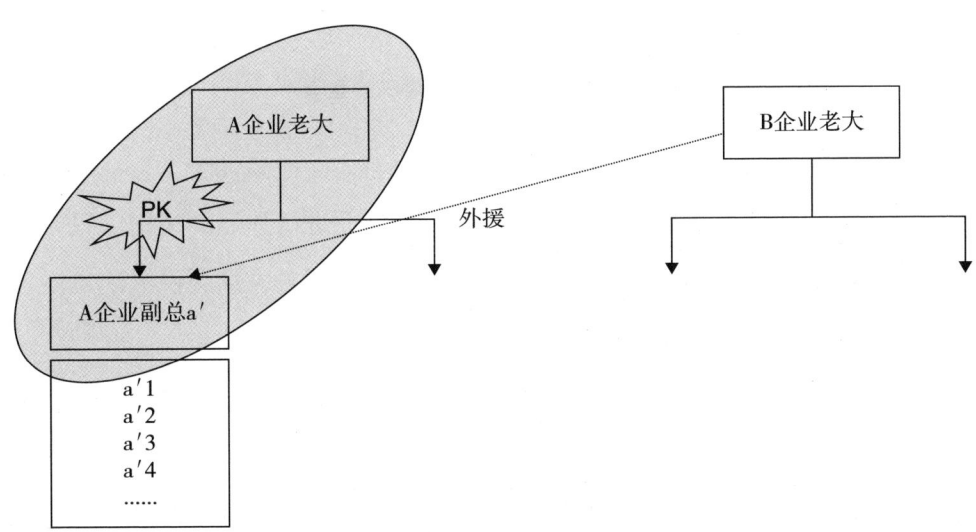

图 3-2　企业内部老大与老二的竞争

为了避免"君权"与"相权"的竞争激烈化，有智慧的企业老大会为老二制造一个竞争对手——老三，让老三来限制老二的权力。这避免了老大与老二竞争的恶性局面，也是企业内部老二与老三一定会竞争的深层原因。

为了管理好企业，企业老大都会给老二选择一个竞争对手，从而形成一种良性的牵制。老二与老三互为竞争对手，既解决了企业内部老大与老二的竞争，同时还可以通过相互监督，解决企业内部的透明化问题（见图3-3）。

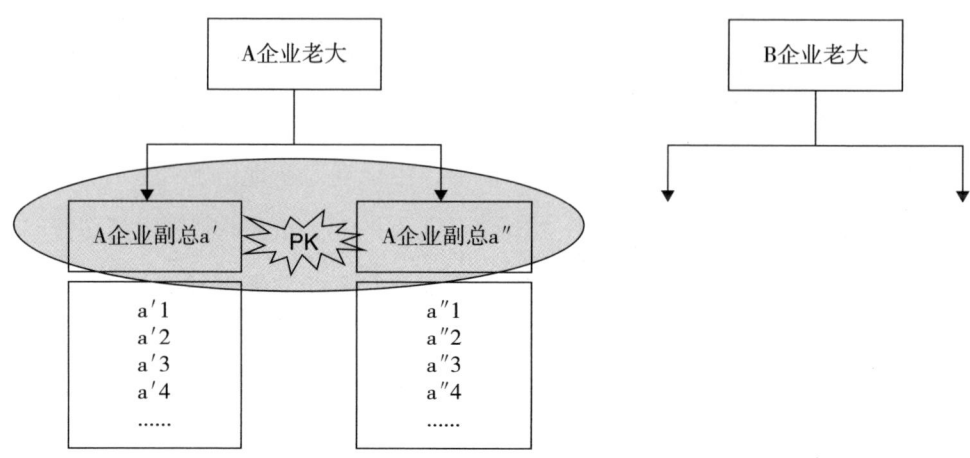

图3-3　企业内部老二与老三的竞争

但悲剧的是，老三往往会错判形势，以为老大让他替代老二，从而进行强势进攻；或者老二以为老三是来替代他的，从而进行强烈的反击。只要老二与老三有一个人非常强势，都会促使对方也强势起来，从而积极地拉拢各方势力，壮大自己，最终形成激烈的竞争。

如果老二与老三的竞争非常激烈，那么企业所有员工往往会由于主动或被动的原因形成事实上的两派。在这种情况下，企业最终将形成双队列结构；而企业一旦形成了双队列结构，企业内部就会逐渐失去是非观，这是非常危险的，随之而来的是各种风险。

企业竞争是无处不在的，而且呈现为极复杂的态势，任何一个竞争都可能会被另一个竞争所利用，同时，任何一种竞争必然嵌套在另一种竞争当中。面对这种情况，企业最佳的策略就是要控制老二与老三的竞争尺度，让大家把精力放在企业之间的竞争上。此时，职业经理人的最佳策略则是在外部竞争中表现高调，显示自己的价值；在内部竞争中低调，远离老大与老二的竞争，以保全自己。

高管任用机制

高管不是普通员工，而是一个组织的代表，代表着一股势力。

高管必须根据自己所领导的组织的维度思考问题，以确保组织目标的实现。同时，为实现组织目标、提升组织凝聚力，高管必须成为组织诉求的代言人。所以说，高管常常被自己的势力所裹挟。

现代化商业发展历史较短，我们难以判断这种具备势力、资源、动员能力的高管应如何开展管理，但如果抛开企业层面，把高管抽象成组织势力的代表，那么纵观我国数千年来的国家治理，就会发现我们已经有着丰富的经验。

在国家治理方面，对高层的任用有两种办法：一种是分封制，一种是郡县制。

分封制是人类历史上实施得较早的一种高层管理制度。当时，交通不方便，各区域的一些重要信息不能及时送达中央，为了方便管理，中央会对信任的人按区域进行分封。分封之后，该区域内如果没有什么大事，这个分封的管理者就是最高领导，不用事事都向中央禀报，只要把这块地方管理好就行，若中央有难，则要及时赶去支援。

郡县制是为了解决分封制的缺陷而设计的高层管理制度。在古代，诸侯王被分封后容易坐大，不听中央的指挥。因此，从秦始皇开始，为加强中央集权，中央要求各地郡守和县令由皇帝直接任命，如果干得不好就马上换掉，同时郡县制也使各地的管理更加规范和透明。

分封制与郡县制的主要区别在于中央对地方的实际控制力。在分封制下,中央对地方的管理较弱,地方势力容易出现叛变、自立为王等情况。郡县制加强了中央对地方的限制,使权力归于中央,解决了地方势力的叛变风险,但在实际运作过程中也往往受困于管理手段。

在当下,世界主流的管理方式类似郡县制,在一些特殊场合、特殊情况下,偶尔会采用类似分封制的管理办法。

我们回过头来看企业高层的任用管理。对企业家来讲,想实现一个远大目标,往往会授权一个高层,这个高层可以汇集各种资源,通过培育其势力实现业务的突破。此时,充分授权就成了优选方案,这与分封制的逻辑是一样的。

员工紧跟一个强有力的、能实现目标的团队领导者,是其职业生涯的幸事,能够真切感受到组织的力量,而且能在组织中施展自己的才华。因此,在工作中,员工会积极向组织领导者靠拢,以期获得重用或资源支持,从而实现自己的梦想。随着时间的推移,团队核心成员会成为组织的既得利益者,甚至产生对团队领导者的人身依附,这些人往往不再希望变革,而是期望获得稳定的利益。正是这种人身依附及既得利益,使这些人成为影响甚至左右整个企业的重要力量,如果不加以控制,未来将对整个组织产生威胁。此时,企业应实施类似郡县制的管理模式。

对于企业高管的任用,企业应结合分封制与郡县制的各自优势以及企业的实际进行选择,在某些特定时期、为实现某些特定目标,建议采用授权的方式,以充分发挥高层的工作积极性和主动性。例如,在业务困难时期,在开拓新业务、新市场、新项目的过程中,当不能准确把控结果时,或者未掌握其发展规律时,应采用类似分封制的管理模式。

高管竞争机制

高管竞争机制解决的是高管之间的竞争问题。

企业的资源是有限的,然而资源充足是高管取得成功的必备条件,每个高管都会尽量占据更多的资源,以确保自己取得成功。因此,企业在正常经营过程中,经常会遇到高层之间为争抢资源而进行竞争。

高层之间的竞争若管理得好,企业资源就能在各个高层之间得到合理的分配,同时使企业资源的使用效率达到最优;管理不好,企业将陷入剧烈的竞争之中,资源内耗严重,时间一长就会拖垮企业。

企业要深刻理解高层竞争的客观性。基层职位是没有人抢的,它们大多数都是操作性工作,不涉及资源,基层员工只需做好自己的工作就可以了。但随着员工往高处走,资源受限越来越多,此时竞争就会出现,而且越往高处走,资源越稀缺,竞争就越激烈。如果到了高管位置,还不理解高管所面临的资源竞争,就不是合格的高管。

合格的高管知道资源是等不来的,一定要去争取。因此,优秀的高管会积极争取资源,以获得发展空间,并且通过承诺资源回报率来争抢资源,而不是通过限制、延缓、阻碍对手获得资源。

在争抢资源的过程中,高层为加强自己的力量,通常会寻求各方支持。在高层的这种行为之下,相关人员很容易形成站队,严重时,往往会形成完全对立的阵营,它们之间的冲突会使企业与个人都坠入深渊。可悲的是,有很多高管为了打败对手或者被动地抵抗竞争者的压力而选择了这个方向。

为了避免这种内部竞争的形成,高明的企业家通常会把企业与竞争对手的矛盾引导为企业的主要矛盾,降低高管之间矛盾的重要性,并使高管们顾全大局,共同奋斗,从而将企业的整体能量聚集在企业间的竞争上,把资源聚焦在效率最高的地方。

把外部竞争引导为主要矛盾，把高管之间的内部竞争降低为次要矛盾，这才是管理的精髓所在。外部没有明确的敌人，高管竞争就很容易成为主要矛盾，因此企业家经常会为企业寻找竞争对手。有了竞争对手，企业管理就会变得简单；没有竞争对手，企业就会失去目标感。

企业建立高层竞争机制可以提高资源的利用效率，但同时高层也要知道内部派系斗争是企业管理的大忌。另外，企业应尽量给高层们树立同仇敌忾的外部敌人，以化解内部竞争的风险。

第四节　活力机制

团队 PK 机制

团队 PK 机制在企业中是较重要的机制。

团队 PK 机制之所以会成为企业的重要机制，是因为在 PK 时，每个团队都会进行深层次的动员，每个团队成员都会得到心理上的激发，每个团队成员在相互鼓励下，都会变得主动积极，从而实现团队目标。

在我的一次业务部门管理实践中，期初该部门员工从上到下都很迷茫，部门业绩下滑，员工士气低落，员工成长速度很慢。为了提升士气，我将该部门员工分成四个团队进行 PK 赛，最终该部门的营业额完成预定任务的 101%，利润额完成预定任务的 129%。通过团队 PK 赛，该部门的凝聚力得到了大幅提升，并且激发了每位员工的潜力。团队 PK 赛是业务游戏化的一种操作，比较贴合"90后"员工的风格，不仅可以让其苦中作乐，而且能形成部门的优良作风。

有些人会对团队 PK 机制持怀疑态度，觉得是否进行团队 PK 赛没什么区别。但多次事实证明，进行了团队 PK 赛的员工的心态是完全不同的。在团队 PK 赛中，大部分员工都会无意识地被充满激情的氛围所感染，都会积极寻找自己对团队的价值，努力获得团队其他成员的认同与赞许，害怕被团队排除在外，害怕拖团队的后腿。在这些心理作用下，团队成员的心态与正常工作时的心态是截然不同的，这也是团队 PK 赛的最大价值。

团队 PK 赛是一种管理赋能，即心力赋能。心力赋能与物质赋能不同，物质赋给别人，自己就少了，而心力赋给了别人，别人在增加了心力的同时，自己的心力也会增加。通过心力赋能，团队中的每个人都具备了比之前更大的能量，同时在这种能量的加持下，团队任何高目标的达成都变得极有可能。

团队 PK 赛是团队荣誉感的建立过程，一旦建立团队荣誉感，团队成员就具备了为团队牺牲的精神（时间、利益）。

团队 PK 赛也是人才发现机制，每次团队 PK 赛，企业领导者都会从中发现很多人才，从而感觉企业的人才是充实的，只是没有被发现而已；同时，也会让管理者真正认识到，员工的能力是激发出来的，缺乏人才只是缺乏培养和选拔人才的机制。

在平台企业中，业务部门会被天然地划分为各种小团队，这些小团队的员工数量少，通过团队 PK 赛，很容易激发其团队荣誉感，增强团队的凝聚力。

高层的竞争是需要限制的，基层的竞争是人为鼓励的，管理的乐趣就在于此。

员工动力机制

在游戏氛围下成长起来的"90后"员工,耐受性阈值较高,要想让他们对工作感兴趣,就需要让工作有足够的吸引力,这样才能与其感受相匹配,否则工作就会索然无味,吸引不了他们的注意力。因此,企业要与时俱进,对游戏机制进行研究。慕课之所以成功,就是因为其将学习游戏化了。

从生理的角度来说,员工的奋斗精神是由多巴胺与内啡肽决定的。游戏的主要动力来源于奖励机制——"大棒+胡萝卜",多巴胺是"大棒",给人带来的是获得前的饥渴感;内啡肽是"胡萝卜",给人带来的是获得后的满足感。

多巴胺让我们对下一个事物充满期待,驱使我们继续前行。例如,我们会一遍遍地刷抖音,这是因为我们认为下一条抖音更有价值,如果我们强迫自己放下手机,就会觉得很焦虑。我们吃零食、看电影都是"解渴"的行为,无论我们在这个过程中是否获得了快感,即使事后会产生失落或恶心感,我们还是会重复这些行为,因为这些行为只是追求兴奋而不是内心充实。

经济学和消费心理学研究的结论表明,"预期"会产生多巴胺,多巴胺所带来的是渴望和幻想。例如,奖励系统会让我们对下一个奖励充满期待,这时我们会被奖励系统所驱使,从事某一行为,而并不关注能否实现目标,也不会在意实现目标时的惊喜。

企业管理也是树立目标,让大家建立对目标的期待。对这些目标的渴望和幻想,使我们的身体分泌出多巴胺,从而有动力去完成目标。同样,要保证销售获得成功,就要让客户与消费者建立这种预期。

多巴胺产生快感,内啡肽产生成就感。内啡肽是一种"高峰体验",它的分泌需要一定的工作强度和一定的工作时间。以运动来说，运动 30 分钟以上才能刺激内啡肽的分泌。例如，在长跑过程中，有一个奇妙的"极点"，在达到这个点之前，人会感到非常疲惫；一旦越过了这个点，身体就又会充满活力，这是因为当运动量超过这个点时，体内便会分泌内啡肽，继续跑步就变得轻松了。

在管理过程中，企业需要给工作以足够的强度，使员工付出长时间的辛苦，并确定一个能够实现的目标；在实现目标的那一刻，员工就会产生满足感与成就感。

因此，企业应结合员工的游戏经验，建立员工动力机制，以最大限度地激发员工的工作兴趣，使员工奋斗并快乐着，这才是真正的管理。

第五节　平台机制

平台运营机制

随着传统企业转型为平台企业，企业由中央集权的业务模式变成了分散授权的小组制业务模式，企业管理的重点从中高层管理变成了小组层级管理。那么如何进行小组层级管理呢？

如果一家平台企业有 100 个小组织，而且每个小组织都是可控的，那么该平台企业就是可控的。因此，平台企业的运营管理就是让良性组织越来越多，让不良组织尽快浮出水面，在必要的时候进行止损，消除业务黑洞，从而降低风险；对于战略组织，则以补贴的方式让其生存，确保长期战略的实现，这既兼顾了短期发展与长期发展问题，也成功地解决了风险问题。

有了运营内容，平台企业还需要打造组织保障。传统企业的各业务线都有各自的部门经理、副经理，由他们来解决该业务线的问题。然而，随着平台化改造的完成，这些中高层的重要性大幅下降，权力也被限制，同时小组织内部的项目化、集成化，甚至包括人员、财务、产品、决策等的职能化，促使原业务线的管理不再清晰，此时最好的组织保障就是构建新部门，由新部门对小组织的运营进行管理。

确定了新部门的定位，让我们来看看新部门的职责。新部门的职责分为两个部分：一个是对小组织的运营效果进行管理与分析，另一个是对小组织的经营风险进行分析。

对小组织运营效果的管理与分析，有三个指标可以衡量。

（1）净利：体现盈利能力。每个月的净利是多少？是盈利还是亏损？与上个月相比是增长还是下降？净利润变化的原因是什么？是毛利还是收入？上个月的毛利是多少？是变多了还是变少了？毛利率在10%以下的业务有哪些，为什么？应该做哪些调整？

（2）增长率：体现发展能力。与上个月相比，收入是增长还是下降了？如果是增长了，增长的原因是什么？有没有好的机会点？如果是下降了，下降的原因是什么？如何改善？收入的环比是什么情况？收入的任务完成率如何？如果不到当月任务的80%，该如何处理？如果不到当月任务的60%，该如何处理？

（3）周转率：体现营运能力。存货余额是多少？是变多了还是变少了？滞销率如何？库存支持销售月数如何？应收账款余额是多少？是变多了还是变少了？

基于上述三个量化指标的分析，可以看到优秀组织有哪些，是产品问题、客户问题还是团队问题。明确这些问题并一一解决,平台企业的运营就可控了。

对小组织经营风险的分析主要包括销售风险分析、采购风险分析和库存风险分析三个环节。

(1) 销售风险分析。

①监控销售订单的执行情况,其目的是解决订单不及时处理所带来的风险。

②平台企业以信用报告的形式对信用风险进行监控,确保信用合理、应收款可控。

③对红字冲销发票进行监控,针对类似红字发票较多的情况,分析红字发票数量多或金额大的原因,其目的是解决销售人员虚假冲量的问题。

④对比销售订单与销售出库情况,查找是否有两者差异大的情况并分析原因,其目的是防止流程中因订单信息改变而出现漏洞的情况。

⑤明确人均收入及净利润,其目的是统计各小组织的管理水平。

(2) 采购风险分析。

①监控采购订单的执行周期,其目的是严肃订单纪律。

②控制采购价格,其目的是确保采购价格的合理性。

③分析供应商份额,对同一品类的供应商以及对应的价格和数量等进行对比,其目的是避免采购人员因经验不足而导致企业遭受损失。

④对供应商的账期及付款情况进行管理,其目的是提升企业资金的利用效率和企业信用。

(3) 库存风险分析。

①确保账实相符,其目的是保证账目与实物的对应性,避免资产流失。

②日清月结,通过当天账目当天清来提高数据的准确率。

建立平台运营机制，以帮助与控制风险两个维度对新部门进行管理，就能实现平台企业的良性运作，兼顾企业的业务发展与风险控制。

平台反腐机制

与传统模式相比，平台模式最大的变化就是放权，放权后各组织都有了自主权，但有了自主权就有了腐败的可能性。

平台腐败现象主要来自两个部门：一个是采购部门，另一个是销售部门。这两个部门的腐败问题有很深刻的社会原因，采购部门是供应商的重点攻关对象，而销售部门由于客户的多样性，在业务管理上会存在很多漏洞。

平台反腐机制的着力点有四个，分别是企业文化、腐败教育、流程设计和监察机制，让我们逐一进行分析。

通过企业文化的正向引导作用，会使员工耻于腐败，也会使腐败分子处于全员的监督之下。如果企业员工大部分没有理想、没有事业心、没有正确的价值观，那么出现腐败的概率就大。打造正向的企业文化，为员工打造一个良好的内部环境，是防止企业腐败的根本。

企业文化的作用是正向引导，而腐败教育的作用是负面警示。近年来，各企业对腐败事件的惩处力度不断加大，如有腐败事件发生便会公示于媒体。阿里巴巴员工编程序刷月饼票事件的当事人，抢到月饼还未领取，就被阿里巴巴开除了，相信这一事件对阿里巴巴员工带来的心理触动，不是我们外部人能理解的。这种腐败教育要大于几十场会议达到的效果，腐败教育会使员工不敢起腐败的念头。

企业文化与腐败教育解决了员工不愿腐败及不敢腐败的思想问题，而流程控制与监察机制则是在事件处理过程中，通过设计，使员工不能腐败或无法掩盖腐败。

流程控制是通过流程节点的权力分散及相互牵制，使员工不具备腐败的条件。例如，在采购价格的审批流程中，设立专人对价格进行审批，以确保价格的合理性；在销售流程中，针对现金业务设立单独的流程节点，以确保流程可控。

平台企业可建立内审机制，对可能出现腐败的工作岗位进行项目式审计，使员工产生"腐败后早晚会被发现"这一个观念，从而不敢腐败。

企业文化让员工不愿腐败，腐败教育让员工不敢腐败，流程设计让员工不能腐败，内审机制让员工害怕腐败，通过这四种措施，基本上就能大大缓解平台放权之后的腐败压力。

第六节 变革机制

危机倒逼机制

危机倒逼人类进化，也倒逼企业进步。

农业是食物危机倒逼的结果。一开始，人类在荒野中选择饱满的果实来吃，吃了之后就会在营地附近排泄，未破坏的种子就会在排泄物中发芽生长，营地旁边的植物会越来越多，植物逐渐被驯化了。同时，随着猎物捕获危机的出现，果实成了主要食物，人类向农业社会转型。

技术进步也是危机倒逼的结果。很多技术被创造出来后会被搁置，如航海术、火药术等。以1905年发明的汽车为例，当时汽车只是有钱人的代步工具，公众对马车的满意度很高，直到第一次世界大战，军方认定汽车后才大量生产，战后经过大量游说，才使公众相信他们需要汽车，工业化国家才开始慢慢用汽车替换马车。这在本质上是战争危机倒逼的结果。

在1600年，日本的枪支生产技术比世界上很多国家都优秀，但由于日本被武士阶层所控制，武士们认为刀剑更体面，所以只允许几个城市生产枪支，之后又规定有许可证才能生产，再后来规定只有政府需要时才能生产，最后又减少了政府订单，慢慢地，日本几乎没有枪支了。一直到1853年，美国舰队访问日本，才使日本政府在危机之下又重新开始制造枪支。

在企业管理上，如果企业足够大，并且员工足够舒适，那么企业与员工就会没有危机意识，企业就会慢慢垮掉。事实上，大部分福利好、员工满意度高的企业，都面临着这种慢性死亡的威胁。

在战略上，真正的管理者会给企业创造外部危机，并据此提升企业的凝聚力。在华为进入蓝海市场（无人区），没有敌手的情况下，美国把华为列入实体名单，给华为制造了一场危机。任正非一方面认为这种情况能够对华为造成极为负面的市场影响，但同时也会激发华为员工同仇敌忾的斗志，我们相信华为不久就会有大量创新出现。

以上是企业家面对危机时应该抱有的理念与态度。那么如何应对一场危机呢？一是要确保企业生存，二是要关注行业变化，三是要关注竞争对手的举措。企业应把危机当作甩开竞争对手、打造企业核心竞争力的良机。

首先，企业管理者要判断企业能不能解决危机，并采取一切办法保证企业的生存。

其次，在外部危机下，企业管理者要判断行业有无巨大变化，如果行业有巨大变化，那么企业就要调整商业模式，以适应新环境。例如，网上教育模式被教育界普遍改造和认同后，我国教育行业就应进行类似的商业模式变革。

最后，企业管理者要建立相对优势。在危机之下，各企业的压力是相同的，做得比竞争对手好一些，企业就能获得巨大的增量。同时，企业不能与自己以前的业绩做比较，这是在外部危机下不理性的要求。保持团队士气，打造凝聚力，保证自己的损失最小化，让外部环境帮助企业打败竞争对手，消耗竞争对手的士气，这才是管理者的最优选择。

任何一名优秀的企业家，都不会放过任何一次危机来推行企业变革。在危机之下，既得利益者会配合企业的任何变革。此时，变革的必要性是客观的，谁阻碍变革，谁就会成为全体员工的敌人，优秀的企业家会借助这个时机，对组织、人员、制度、流程和业务模式进行一些调整，以获得面向未来的优势。

危机是企业家帮助企业建立竞争优势的机会。利用危机说服建制派进行变革，利用危机激发员工的斗志，利用危机拉开与竞争对手的差距，这才是经营的大智慧。

第四章　企业文化：奋斗文化的养成

企业文化能够使企业在意识上形成正确的方向。企业文化一旦养成，企业员工就会按这种文化行事，员工的思维模式便会达成一致，从而使管理变得可预期。

随着我国传统文化的回潮，我国企业的企业文化与西方企业的企业文化之间的差异就会凸显出来。我国传统文化重义不重利，因此打造企业文化对我国企业来说更为必要，也更有价值。

平台企业打造出自己的企业文化后，其员工的心态会更开放，并具有责任感，员工会全身心地投入到目标的实现中去，而这才是企业家追求的目标。

第一节　讲奋斗

经营哲学是企业文化的根基

经营哲学是企业家发自内心的观念，是企业文化的根基。

企业经营是基于企业家的经营哲学运作的。有些企业家的经营哲学是显性的，如稻盛和夫的"何谓正确"经营哲学、任正非的"下一个倒下的是华为"哲学、马云的"存活102年"哲学，这些都是他们内心对企业的认知，同时他们会在经营哲学下衍生出一系列的原则与工具，并据此进行企业管理。具有经营哲学的企业家通常不具有教条主义，它们往往会围绕各自的经营哲学优化管理工具。

无论拥有什么样的经营哲学，企业家都必须意识到以下几点。

（1）企业最重要的是组织结构，企业的组织结构决定了企业的性质，组织结构运作的顺畅性决定了企业的生命力。

（2）企业类似于生命有机体，有着生命力强弱的差异。每家企业都有着类似进取心的心力、类似心脏的动力机制、类似骨架肌肉的架构、类似性格作风的企业文化，以及类似行为习惯的管理方式等。

（3）大部分企业最终都会消亡，这不是以企业家的意志为转移的。马云强调阿里巴巴只做102年，任正非强调下一个倒下的企业是华为，这些都是基于企业组织必将走向死亡的哲学判断。任何企业都是生的力量与死的力量相互斗争的结果，生的力量来源于企业家的进取心，死的力量来源于懈怠。企业只有坚持不懈地与懈怠做斗争，才能保证企业续存，一旦懈怠，企业就会走向死亡。因此，从哲学上讲，生的力量一定斗不过死的力量，企业家能做到的，就是努力不让企业在其手中衰退。

（4）企业的商业模式常常会过时。商业模式指的是企业的交易结构，是企业的决定性力量。商业模式对任何企业来说都是十分重要的，在新的商业模式出现后，企业家要紧跟对手，以确保自己的商业模式不落后。

（5）商业竞争是残酷的，企业家应该对这一点有明确的认知，这样才有可能使企业存活得更长久。

企业经营哲学就是把企业看作生命的哲学，有了对企业深层次的认识，我们才知道奋斗文化、现场文化、内省文化、信义文化的必要性。

世俗人格与理想人格

在进行企业管理时，企业对员工有两种假设：一种假设是员工为世俗人格，另一种假设是员工为理想人格。

西方管理学界倾向于员工为世俗人格，工作只是劳动与薪酬的交易，员工付出多少劳动就得到多少薪酬。目前，管理学中的内部职级、岗位职责、薪酬制度、绩效制度，都是基于员工为世俗人格的假设制定的。这个假设很好地解决了一部分管理问题，但是当员工不太在乎金钱时，这种假设就勉为其难了，所以就有了绩效管理拖累了索尼的说法。

绩效管理的理论基础就是在员工中制造差异，然后通过差异比较产生员工势能，势能产生动能，从而使企业产生活力。以华为为例，华为有17万员工，其薪酬按级别被划分为13级到22级，每一级又分A、B、C三个小等级，正常是员工每一年升一小级，表现好的员工一年可以升两小级，业绩特别突出的员工，比如其主导的项目获得重大突破的，一年可以升一大级甚至两或三大级。

华为在内部制造了10个层级，而且各层级之间的薪酬差异越来越大，这些差异使员工在每个层级都有了足够的动能，因此华为内部始终保持着活力。

2016年，华为员工的平均年薪为63.1万元，不仅高于同行，而且高于金融领域前三强：券商、银行、保险。1个华为人=4.3保险人=3.3银行人=1.7券商=3个CPA持证人=2个ACCA会员。这种差异使华为员工具有了强劲的外部动力。最终，在内外部动力的共同作用下，成就了华为的奋斗精神。

华为的这种体系也有缺陷，也会产生懒人，所以有了华为研发人员"出征"事件、优化40岁以上员工等一系列事件,这些都是华为对动能不足的员工的洗盘,从而保证整个体系的活力。

华为也是强调理想人格最为成功的企业。在企业中,理想人格主要体现为两个方面:企业的理想人格与员工的理想人格。对于企业的理想人格,华为在2017年年底定位和确定了新的愿景——构建万物互联的智能世界,并以此激励所有华为员工。对于员工的理想人格,华为一直推崇奋斗型员工。这些理想人格的塑造,使华为的团队凝聚力与战斗力横扫竞争对手。

使企业具备理想人格,一般有两个途径:一是制定企业愿景,为组织确定奋斗目标,达成奋斗目标的荣誉感使员工愿意为之努力;二是通过企业文化宣导,推崇理想人格榜样,实现员工对理想人格的认同。

然而,现实是残酷的,大部分企业并不适合具有理想人格的员工生存。例如,企业对具有理想人格的员工所尽心努力的事情进行拆台,不给资源、打断进程,或者无意识地不予以尊重,从而导致这类员工离开。这类员工的离开与金钱无关,仅与尊重相关。因此,企业对理想人格的塑造,在于对理想人格的保护,企业高层没有这种意识,不刻意营造这种环境,是无法实现的。

企业应重视具有理想人格的员工,为他们定制一些项目,这样既能保证员工理想的实现,又能保证企业的创新效果。腾讯的微信产品就是这么产生的,张小龙天生就是一个具有理想人格的人,想做成一个事,恰好马化腾为其提供了平台,实现了腾讯与张小龙的双赢。

在经营过程中,如果只关注世俗人格,是很难保证企业获得成功的,这只是一种保险因素,而建立起企业的理想人格,才是让企业真正优秀的决定因素。

员工思想的梳通

要想建立企业文化，就要做通员工的思想工作，只有这样才能塑造出符合企业文化的理想人格。但现实是，所有企业都面临一个困难：与员工进行思想沟通极为困难。

在与员工沟通时，由于工作上下级原因，员工在口头上都会表达理解与认同，但在具体工作时，员工往往会表现出另一个样子——老思路、老习惯，这是一种极其普遍的现象。对于这种现象，企业家在短时间内予以解决是不可能的，面对这些阻力，任何举措都像是将拳头打在棉花上，很无力，也很无助。但真正的变革型企业家会想办法解决这些问题。

首先，我们要意识到，改变一个人的思想是困难的，困难到任何人都不能轻易做到，包括任正非、柳传志、张瑞敏、稻盛和夫这些大企业家。稻盛和夫在《稻盛和夫经营问答》中提出，与员工的沟通，不要指望说一两遍就能使所有员工都接受，要说十次百次，才能让员工接受。

其次，要知道改变员工思想的难易程度取决于员工的学习能力。只要员工愿意学习，乐于接受新事物，那么在思想沟通的过程中，员工才有快速转变的可能性。这也体现了打造学习性组织的必要性，员工们平常喜欢学习，那么他们就会形成接受新思想的习惯，员工一旦有了接受新思想的习惯，企业与员工的沟通就会容易得多。因此，打造学习性组织的本质是改变员工的思维习惯，让他们对新事物抱有开放的心态，而不仅仅是学习专业知识。

最后，在组织员工学习企业文化时，企业要掌握方法，而不是机械性地灌输。思想改造有三部曲：第一是对新思想的导入进行预热，让员工有思想准备；第二是让员工参与变革，无论主动与被动，越参与越热爱；第三是使新思想成为员工自己的思想，促使员工主动传播。

在企业文化建设中，企业还要了解员工思想转变的规律。思想的转变会经过漠视、反感、悲观、绝望、试图理解、接受、了解现状、主动完成等过程。在这个转变过程中，企业要通过沟通交流，让员工了解到思想转变的必然，并通过主动培训，减小员工的反感、悲观程度，同时通过把握时机，使变革尽快推动到试图理解并接受的阶段。

企业文化的建设有可能要花费数年的时间，以及大量的成本。可一旦建设成功，企业就会拥有一批具有新思想、愿意在新思想下奋斗的员工，这样企业就一定会有所突破，进入下一轮增长。

平台企业的企业文化

传统企业要求管理者进行决策，员工们只负责执行；平台企业要求各组织自主决策，员工自主工作，追求个人价值的实现。平台企业与传统企业的最大差异就是企业文化。

一个强有力的企业文化，有着内在的稳定性和对其他文化的改造能力。因此，企业应建立一个强大的企业文化，这对于企业自身的稳定性、员工的思想改造都影响巨大。企业家要把建立强大的企业文化作为自己的首要目标。这也是张瑞敏说自己是企业文化的传教士，任正非经常发文章给华为进行文化建设的原因。

同时，我们要意识到，一个优秀的企业文化的建立是需要时间的，不可能突击实现，这个时间范围是 5~10 年。

另外，企业文化的建立必须用强力手段去推行，不用强力手段是很难建立企业文化的。企业文化的建立有两个主要工具：一个是教育培训，即通过教育传递思想，把企业的核心理念，用受众所能理解的语言表达出来，以受众能够吸收的方式展现出来；另一个是批评与自我批评。批评与自我批评是文化受众的反省，反省后才能使文化变成受众的自主理念，才能使文化在受众心中生根。

企业文化是企业管理中的一个变量，在不同的组织中，它的重要性是不同的，硬权力因素强时，文化因素就弱；硬权力因素弱时，文化因素就会强。在传统企业的集权模式下，管理比较强势，此时企业文化就会成为辅助工具。在平台企业中，强调小组织的自主性，领导强权力慢慢变成弱权力，此时企业文化就成为管理的核心工具。依靠企业文化建立有秩序、有战斗力、活跃的企业，这是平台企业发展的一种必然。

企业文化是一种秩序，可以让员工的是非判断和思维习惯具备一致性，即拥有共同的价值观，这也是企业发展的动力。正因为如此，所有卓越的企业都有鲜明的企业文化，如腾讯的"工程师"文化等。

另外，企业文化管理还有一个作用就是筛选，正所谓"龙生九子，不成龙，各有所好"，企业做大了，什么样的员工都会出现。这时企业文化就会成为筛选员工的有效工具，适合企业文化的员工会留下来，不适合的就会离开企业，这既是一种预防，也是一种管理。对于文化差异太大的员工，企业管理起来会复杂得多，人以群分最大的好处是使管理变得简单。

再来看企业文化的具体内容。企业文化的主要结构包括愿景、使命和核心价值观。愿景是指企业多年以后会是什么样子。使命指的是企业及其所有员工承担的社会责任是什么。核心价值观指的是企业员工是什么样的一群人。在梳理完这些理念后，经过多年的教育培训和自我反省，企业文化就能慢慢建立起来。

建立了企业文化之后，企业还需要对其进行不断的修正和完善。企业文化会随着环境的变化而变化，只有不断修正才能保持企业文化的生命力。同时，企业还需要根据受众的变化，对企业文化进行优化，使之易于接受，这样企业文化才能获得发展与影响力。目前，企业的主流员工已是"90后"，他们是互联网原生态居民，他们的沟通方式与"70后""80后"有着极大的差异，如何用他们认同、喜欢的语言来同他们沟通，使他们认同企业的理念，是企业文化建设的一个新难题。

当员工对企业文化产生认同后，他们会对同一种理念有各自的表述方式，这些表达方式才是企业文化的精髓。在进行企业文化学习时，企业可以让员工按照自己的表述方式分享自己的理解与感悟，相信每个人的理解与感悟都是不同的，而这些理解与感悟就是企业文化的力量。

员工心力的激发

心力是一种精神力量，凡是我国成功的企业家，都在激发员工心力上有独到之处，而西方的企业家往往会忽视心力的作用，强调物化交易概念，通过资源计算胜率。这可以说是中西方企业家在管理上的一个差异。相信随着传统企业的平台化改造，平台企业对心力的关注会越来越大，从而成为两种管理方式最核心的差异。

没有体力，就无法支撑你的工作；没有脑力，你会找不到解决方案；而没有心力，你就无法坚持自己的信念。因此，企业员工需要三力——体力、脑力与心力。

心力是员工最宝贵的资源，员工通过心力可以感染团队、感染客户，让团队为共同的梦想努力，让客户相信你的成功是必然的。同时，心力也是人才效能的释放器。心力弱，才华未必能施展出来；心力强，才华一定会得到指数级的价值发挥。

心力强的干部，他们能够站在把事情做好的角度上，通过努力排除一切困难，最终达成目标。在这种思想下，大部分困难都是暂时的、可解决的。同时，一个部门的实力取决于有无这种干部，有了这种干部，部门管理就会有序，他们会用心思考工作目标，用心优化工作流程，用心纠偏错误的事件，部门在他们手上，就会让人非常放心，不会出现大的纰漏，部门的业绩也会逐年上升，不上升他们会比我们着急。

尽心与尽力不是一个概念，我们通常认为员工尽力就是优秀了，这类员工虽然努力工作，对于领导安排的工作尽力去做，但他们没有实现目标的心力，很难会去创新、追求更高的效率，所以结果往往差强人意。尽心则不同，尽心的员工会以主人翁的精神去做事，不断精益求精，把事情做到极致，这种员工成功的概率要远远大于普通员工。

那么如何激发与长久保持心力呢？这就要靠企业文化了。企业文化建设得好，就能激发员工的心力，从而使企业的愿景、使命转换为员工自身的追求，成为员工个人理想的一部分，或者成为员工感兴趣的一部分。另外，随着心力的不断增加，企业文化也会弥补员工因为年龄增长所带来的心力下降问题，这也是企业文化建设的一个重要目的。

员工有了心力，就要尽快对其进行提拔，这样才能培养出更多有心力的干部。对于有心力的干部，即使其在技术方面差一点，他们也会很快赶上来，他们会积极开动脑筋，想方设法地去改变现状，并且他们的行为会影响其他员工。华为的任正非一直在提倡提拔用心的干部，他认为只有用心的干部才是好干部，他们能够主动思考问题、解决问题。

企业在管理过程中应避免消耗员工心力，而消耗员工心力的事往往是一些很小的事情，如流程非常烦琐、琐事特别多等，这些都会消耗员工的心力。这种消耗心力的事情以财务最为突出，如以内控风险为说辞，让员工填写很多报销单据,并且报销流程要几个月,为此任正非曾经严肃地批评了财务团队,这才得以改善。

当然,激发员工心力的最有效工具,还是加强对员工心力的重视与管理,如果企业把心力作为提拔干部的标准,对于没有心力的老干部勇于调整其岗位,让有心力的员工来奋斗,那么员工的心力就会被真正激发出来。

打造奋斗者团队

按照"一万小时定律",人们眼中的天才并非天资超人一等,而是付出了持续不断的努力。一个人要想成为优秀的人,就要比其他人付出更多的努力,这些都是时间与心血的积累。

优秀的企业都有着优良的奋斗者文化,据统计,华为的员工平均在21:57下班;第二名是腾讯,其员工平均在21:55下班;第三名是阿里巴巴,其员工平均在21:53下班;排名第十的奇虎360,其员工平均加班到21:40。在这种时间投入下,这些企业的工作自然能够做到今日事今日毕,而且大部分都能用较优的方式把事情做好。这些企业是如何管理这些员工的呢?

首先,是工作氛围问题。华为的大部分员工都在努力工作,你不加班,你就不好意思,就会被这个企业文化所排斥。因此,所有员工进入企业都会主动地融入这种氛围中,希望得到企业与其他员工的认同,大环境使然,新员工都会努力适应这种奋斗者文化。

其次,是薪酬问题。任正非说过,钱给多了,不是人才也会变为人才。在商业社会,无法通过强制手段使员工听命于企业,而最有效的工具就是薪酬。在各行业的优秀企业中,凡是对员工提出了额外要求,如海底捞的服务、华为的加班、顺丰的速度,其员工薪酬都会比同行业其他企业高出一截，高薪酬使员工会心甘情愿地为企业奋斗。

最后，是员工自我价值的实现。每一位员工都有实现自我价值的梦想，为员工设定一个崇高理想，设定一个非常具体的梦想，就会激励员工奋斗。例如，当年乔布斯麾下的 iPhone 团队、马斯克的太空探索技术公司（SpaceX），其员工追求的就不仅仅是金钱，更是通过产品实现自我价值。对于传统企业的员工，他们不可能接触革命性的产品，但企业至少可以让他们成为某个领域的专家，这也是企业可以倡导的理念。

在规模化企业中，大部分员工的奋斗精神都已经衰落。员工流于程式化工作流程，参加过多、过细的管理会议，这些会让员工感到烦琐且无奈，会使员工情绪低落、充满挫败感，最终工作激情被消耗殆尽，很多人才会因此离开企业。另外，这些因素也使规模化企业的奋斗者文化重塑工作变得异常艰难。

对于民营企业，可以通过提高特定部门的薪酬、简化特定的部门流程、强调特定部门价值的实现，实现员工的奋斗化改造。在人才招聘策略方面，民营企业可以通过加大校招员工的比例来重塑企业文化。校招员工通常能快速融入企业，较容易被企业打造成奋斗型员工，而社招员工比较难以融入企业，也难以改变他们的工作习惯。

在打造奋斗者文化时，企业要警惕那些自己不奋斗，还要阻止他人奋斗的员工。这种员工在任何企业中都是存在的，他们认为自己与企业就是简单的交换，他们是通过出卖时间与企业进行报酬交换的，至于企业发展得好不好，与其无关，工作不能影响其生活。这种员工是企业建立奋斗者文化时最大的忌讳，应把他们尽早地清理出去。

打造责任感而不是满意度

人力资源管理中有一个指标是员工满意度,很多人认为员工满意度高,员工的忠诚度就高,员工就有奋斗精神。但在北欧福利型企业的实践中,高员工满意度并未使企业走向辉煌,在危机时其员工也未表现出对企业的忠诚。

我们可以把员工分为两类:一类是骨干员工,另一类是普通员工。按照"二八定律",企业 80% 的业绩是由占 20% 的骨干员工来实现的,而员工满意度的统计,一定会要求占 80% 的普通员工表示赞成,这就会产生管理误区。此时,企业不能关注员工的满意度,而是应关注员工的责任心。

那么,员工应该有什么样的责任心、做到什么程度才算尽到了对企业的责任呢?

责任对应的是每个人的身份或角色:作为儿女,要尽儿女的责任;作为父母,要尽父母的责任;作为企业员工,要尽企业员工的责任;作为企业老板,要尽企业老板的责任等。只有尽到了符合自身角色的责任,才是合格的。

尽到对应角色的责任,是维持社会正常运行的普遍规则,对于这些规则,有人做得好,有人做得差,为了维护社会关系的有效性,通常会在法律层面上规定责任的最低标准。

在经营过程中,企业所期望的当然是员工不以最低的标准尽员工的责任,而是能够以自己最大的能力去做得更好,也只有这样,企业才会有活力,才会有竞争优势。

仅依靠法律层面的规定,企业是无法获得成长与发展的,这只是最低层面的责任,是必须履行的。除了规定最低标准外,企业还应该用鼓励、引导等方式，扩大员工的责任范围，提高员工责任标准。提升员工责任感的方式一般有五种：为员工安排更高的职务、设定高绩效标准、为员工提供提升责任感所需要的信息、为员工提供参与整体管理的机会、明确培养管理者的愿景。

企业应以员工的责任感，而不是以员工的满意度进行管理。员工对工作满意，可能是因为他能从工作中获得真正的满足，也可能是因为这份工作足以让他养家糊口，我们很难分辨是哪种情况。

一个员工不满意自己的工作，有可能是因为他无法从工作中获得满足，或者因为他想要有所进步，又或者想要改善他和所属团队的表现。后者也是员工责任感的一种表现，这种满意度差、责任感强的员工，最终会带来工作业绩的显著提升。

因此，满意度不是企业管理的重点，打造责任感才是企业文化建设的核心，责任感的提升一定会带来满意度的提升。

第二节 讲现场

现场力打造

一提到管理，大家都会想到居高临下的批评。很多企业管理者会对下属的错误进行严厉批评，他们认为这样才能体现出领导的权威，才能履行好领导的职责，这是对管理最大的扭曲与误解，并且这种现象在各企业中都普遍存在。在批评过程中，大部分企业管理者都是在夸夸其谈、纸上谈兵，而下属只是表面上唯唯诺诺，心里却抱怨不停。

在日本的管理学领域，有个名词叫"现场力"，意思是只有在现场才能真正发现、解决问题，不在现场就无法了解真实情况，无法发现问题的深层次原因。

以我最近了解的一个问题处理为例。近期A企业的某岗位总是出问题，这让A企业很被动，疲于应付，针对这些人为造成的错误，一开始管理者的办法是对相关人员进行严厉批评，同时增加审核节点，但效果有限，问题还是继续出现。后来管理者进入现场，把每个错误的场景进行了还原，经过深入分析后，管理者发现大部分错误不是员工态度的问题，而是员工的工作习惯不正确、工作模板不合理。随后，A企业通过小事放大的方式，以系统化思路对问题进行了优化。

如何放大呢？管理者采取了立项推进的办法。首先，管理者召集相关员工进行了项目启动会，告知相关员工推进项目的目的是培养正确的工作习惯和工作方式，提升其工作准确率，而不是追究责任。

其次，组织相关员工针对暴露出来的问题进行头脑风暴。对于可以用信息化解决的问题，用信息化去解决；可以通过空白表格等模板解决的，建立新标准模板；同时梳理未犯错误的员工，由其进行经验分享，把他们的工作习惯整理成工作指引，并且由他们进行员工的传帮带。

在经过21天的连续整改后，与之前的情况对比，改善效果良好，其中资料的准确率为99.28%，提高了2%~3%。这是一个典型的现场改善案例，其关键就是复原了现场场景，在现场解决了问题。

有些管理者倾向于采取批评、加大处罚来解决问题，虽然这也是解决问题的一种方法，但我认为该方法仅适用于个人原因造成的错误，如果员工经验不足，企业沉淀有限，即使给员工压力，问题也是很难得到解决的。

在平台管理模式下，现场力是一种有效的管理办法。在现场帮助员工找到解决问题的办法，一方面能真正解决问题，另一方面也能提升企业的竞争力。

方案在现场

很多管理者在不同场合说过，现场才是解决问题的地方。以前的走动式管理、无办公桌管理等模式，都提到只有亲临现场，问题才可能得到彻底的解决，远离现场往往会把问题复杂化，同时也会被各种次要信息所干扰，影响管理者的判断与决策。

没有调查就没有发言权，这也是现场管理的一种方式。日本管理学界中最重要的一个支柱就是现场管理（其他两个是技术管理、管理技术），全面质量管理、精益生产、可视化管理等都是现场管理的延伸。现场管理在西方管理学界中的重要性要稍微差一些。

在西方思维模式下，企业倾向于用抽象、归类、定义、分析来解决问题。抽象指的是从现场中抽象出自己的研究内容，然后对该抽象内容进行后续研究，而东方思维更倾向于对现场进行分析，并提出问题解决方案。

在管理过程中，企业必须强调现场管理的重要性，强调到现场、找当事人去解决问题，而不是听汇报、在会议室解决问题：要解决客户问题，就要去客户的现场解决问题；要解决供应商问题，就要去供应商的现场解决问题。

与现场管理相对是生搬理论、框架、模型、夸夸其谈，甚至牵强附会。现实中大部分管理者都会面临这种情况：一说问题，都说知道、学过，但让他去解决，却总是解决不了，这就是所谓的教条主义，有百害而无一利。

不到现场，就容易偏听偏信，有先入为主的可能性，导致企业管理者决策错误，尽可能掌握全面的一线信息，是确保管理决策正确的诀窍。不到现场，企业管理者就会面临员工报喜不报忧的问题、员工经验不足的问题，而且有些信息只有管理者才能捕获到，其他人即使遇到这些信息，也不知道这些信息的重要性。越重大的决策，就越是要到现场，多听、多看、多讨论、多思考，这样才能制定出较为合理的解决方案。

利用管理报表进行管理，是总部机构管理的一大特色。如今，总部管理的大部分机构都是在收集、汇总表格，根据表格进行管理，这不但无助于前端的管理，反而会给前端的业务人员带来很多麻烦：不停地填表，填表后还要解释，解释后就没有下文了，得不到任何帮助。

有些问题不到现场是解决不了的，只有到现场与当事人进行充分沟通，才能制定有效的解决方案。

以一线为现场

在企业管理过程中，有一个常见的倾向，即相关部门想方设法地对一线业务进行各种管理。

企业的营销部、人力资源部、财务部都认为自己对企业的成长及战略目标负有不可推卸的重任，要求一线员工事事汇报、事事填表，如果未及时请示汇报、未按细节填表，就拿流程、制度说事，甚至以风险控制、税务要求相威胁。

华为曾发表达一篇名为《一次付款的艰难旅程》的文章，该文章反映了华为一线作为赞助商，要向客户支付预付款时遇到的流程过长、执行僵化、官僚作风等问题。在华为这样的企业中尚且存在这种问题，可以想象在大部分企业中，机关过度管理都是一种普遍现象。

管理三大定律中的帕金森定理（其他两个是"墨菲法则"和"彼得原理"）强调的就是机关管理顽疾，即如果管理者水平不高、不称职，他们就会倾向于任用两个水平比自己更低的人当助手。这两个平庸的助手分担了管理者的工作，管理者只需高高在上地发号施令，助手不会对管理者的权力构成威胁。同时，这两个助手可能会上行下效，从而再为自己找两个更加无能的助手。如此类推，就形成了一个机构臃肿、人浮于事、相互扯皮的组织体系，人员不断膨胀，每个人都很忙，但组织效率越来越低。

这种机关部门还经常会自以为是地进行着各种管理优化、管理变革。管理是有长鞭效应的，机关部门动动嘴，一线部门就要跑断腿，机关部门以为自己完成了很多创新工作，却不知每一种创新都意味着一线巨大的工作量，如果企业负责人认为谁掌握的信息多，谁的管理就到位，那么所有的一线部门最终都会沦落为各个机关部门的受害者，这是一个极其恶劣的管理现象。

在企业管理中，企业要强调答案在一线现场，不在机关。企业要使这一观念深入人心，并取得机关管理者的理解，这样才能化解企业机关与一线的矛盾。任正非提出的"让听得见炮声的人来呼唤炮火"也是为了解决机关与一线的定位问题。

机关部门的工作原则是做减法而不是做加法，遇到一件事情，应先思考如何通过不增加任何工作，而是通过控制流程、时间点，使事情走在正确的方向上。例如，企业租房时，房东抱怨付费不及时，为了优化这一管理，管理者就不能增加一个人来改善，而是应严格按照付款期限来付款，这既节省了时间，又实现了管理的标准化，这才是真正的管理之道。

机关部门要尽可能地不给一线增加工作量，其所有工作都应该是基于一线的工作计划进行的。如果确实要增加一线的工作量，那么一定要基于两个前提：要么此事对一线自身有直接价值，能帮助其改善工作效率或工作效果；要么为一线提供某些便利性，以弥补一线新增加的工作量。如果做到了这两点，机关管理就会顺畅，就会得到一线的好评。

以结果为现场

在过去，战场中有一种说法：打一场胜仗，部队的士气就会提高；打一场硬仗，部队的素质会大幅提高；打一场恶仗，部队会脱胎换骨。

以企业销售团队为例，一个团队如果没有打过胜仗，就不会有士气，就不会有高素质，更不会有气质。因此，提拔销售负责人时，应提拔打过胜仗的干部，打过胜仗的干部有士气、有底气，他们知道如何战胜竞争对手；知道如何调配资源；知道在何处发力，四两拨千斤；知道因地制宜，随机应变。

如果找没有打过胜仗的干部做销售负责人，通常他们会该做主的时候不做主，该推动的时候不推动，该调整的时候不调整，从而使企业失去取胜的机会。

我们观察打过硬仗、恶仗的干部，其业务力、决策力、执行力、领导力都普遍高于其他干部，这些干部的能力并不是一入职就有的，而是在实践中修炼出来的。建立结果文化，就是让大家愿意打仗，敢打硬仗，而且有恶仗之下不放弃的勇气。

以结果为现场就是对每次事件的结果都要进行认真分析，总结经验，分析不足。这种分析是能找到问题症结的，并据此制定问题解决方案，从而在下一次事件中做得更好。

在平台企业中，每个人都有一块责任田，都有施展自己的机会，能不能打下粮食，是判断其能力的唯一标准。以结果为现场，以现场为教材，企业就会越来越兴旺。

第三节　讲内省

批评与自我批评

组织有天生的黑洞：懈怠。

任何组织最大的挑战都是保持活力。一个人保持阶段性的活力很容易做到，一个组织保持两三年的活力也是相对容易的，但长久保持活力是所有组织都面临的难题。

一名新员工刚进入企业，开始是积极向上的，要求早八点上班他七点就到，晚上下班以后还照样在办公室加班，但慢慢地就会缺乏活力与激情了，患上员工疲劳症，甚至团队也会出现普遍的惰怠与散漫行为。

比员工疲劳症更可怕的是领导者疲劳症。组织领导者是一个组织的核心，组织领导者个人是否能够保持持续奋斗的精神，决定了组织整体的活力，领导者疲惫了，组织就会陷入困境中。为了避免出现这种情况，企业可应用有效的工具予以解决，如批评与自我批评。

应用批评与自我批评对企业来说是极其重要的，该工具能够帮助企业发现自身存在的问题并进行改进。

另外，批评与自我批评是对个人行为的一种修正。企业中的员工拥有不同的性格和缺点，克服掉他们身上的缺点，就能使企业具有更强的战斗力，而能帮助企业做到这一点的工具就是批评与自我批评。

自我批评相对来说较为简单，是通过自省让自己成长，而批评则相对困难，很多人会因为受到批评而不愉快。因此，要鼓励更多的自我批评，批评别人要有度；要强调实事求是，不要无事生非；对事不对人，适度把握批评程度；以善意与建设性为基本前提。

批评与自我批评是很好的工具，但要保持适当的节奏，只有这样才能起到应有的效果。如果应用频次过低，小病就会累积成大病，当我们变革时，就会发现到处都是抵抗；如果应用频次过高，就会导致大家总受到批评，以至于无法理解。

一名员工能够通过批评与自我批评获得开放的胸怀，同时在合作时拥有多元化视角，从而成长为领袖，在企业中如此，在家庭中也是如此。

在内部客户投诉下进步

业务流程是有上下游的，下游部门是上游部门的客户。

在企业中，下游部门经常会投诉上游部门，特别是下游部门面临较大压力时，投诉就会相对频繁。如果此时上游部门不能摆正心态，不能平等地处理下游部门投诉，上下游部门之间的矛盾就会越来越激烈。

企业内部应形成统一认识：下游部门是上游部门的内部客户，内部客户无法顺利地开展工作，或者上下游部门发生争吵，责任一定属于上游部门；另外，上游部门抱着要解决下游部门的问题的心态是不正确的，下游部门的问题是不能由上游部门去解决的，而是应由下游部门自己去解决。

一旦确定了内部客户关系，上游部门的领导必须对其员工的角色及心态问题进行培训，使其认识到自己部门的服务定位，把自己当作一名服务人员。只有定位准确，才能处理好上下游部门之间的关系。

有了定位，如何理解内部客户的投诉呢？上下游部门之间的关系类似于餐厅服务员与食客：食客来消费，他们可以抱怨上菜的快慢、菜品的质量、服务的质量、就餐环境，甚至可以带着情绪来消费，作为一名服务人员，是不能同消费者进行争辩的，不能使矛盾升级。

我们从以下六个方面来说明内部投诉处理的具体思路。

（1）上游部门应以服务的理念与心态去解决问题，要避免质疑客户（下游部门）的投诉，不管是哪一方的问题，都应该站在客户的角度去帮助他们尽快地解决问题，而不是质疑客户的问题，以免激化双方的矛盾。

（2）处理投诉时，上游部门应理解客户的心情、同情客户的处境、努力识别和满足客户的需求、站在客户的立场上满怀诚意地帮助客户解决问题。只有这样，上游部门才能赢得客户的信任和好感，从而有助于解决问题。

（3）上游部门应掌握投诉处理技巧，即使客户怒气冲冲而来，或是有过激的语言及行为，也一定要在冷静的状态下同客户沟通。虽然客户并不总是正确的，但把"正确"让给客户往往是必要的，也是值得的。我们必须清楚地认识到，客户不是我们争论斗智的对象，我们永远不会赢得争辩，同时也不要试图说服客户，因为任何解释都隐含着"客户错了"的意思。态度鲜明地接受客户的投诉，能使客户的心理得到满足，使其尽快把情绪稳定下来。

（4）上游部门应明确投诉处理原则，凡是在自己职权范围内能解决的问题，应迅速为客户解决，并告诉客户处理意见。对于服务工作中的失误，上游部门应勇于承认错误，立即向客户致歉。凡是投诉超出自己权限的，要及时转交上级，并根据相关制度进行跟进。对暂时不能解决的投诉，要耐心地向客户解释，以取得客户的谅解。

（5）面对客户的投诉，上游部门不能推诿和转移，否则将会引起客户更大的不满。如果服务缺乏诚意,即便在技术上做了处理,也不能赢得客户的信任。

(6)对于客户的投诉问题,上游部门最好能够在第一时间解决,不要因为回复和处理不及时而导致矛盾激化。

上游部门一旦有了服务的意识和定位,快速地处理好下游部门的投诉,上下游部门的运转效率就会得到提升。另外,上游部门的领导还应学会借力打力,借助客户投诉在部门内部进行优化,为自己争取更多的权力。具体落地包括三个方向:在部门内部,可以通过解决投诉进行内部优化与变革;在企业内部,可以通过客户投诉要求企业在一些重大问题、重大资源上进行投放,构建新组织、攻关新项目,以解决长期的顽疾;可以利用客户投诉取得企业对自己的理解,获得企业更大的支持,以便更好地开展工作。

当然,内部客户由于存在水平不足或其他原因,也会进行大量的不恰当投诉,这时如果上游部门不敢坚持自己的理论与方法,其工作就会滑向深渊,也会越来越被动,即使再努力,上游部门的工作也无法完成,并得不到好评。这是一个典型的劣币驱逐良币的企业现象,企业家要尽量避免这种现象的出现。

第四节　讲信义

对企业忠诚

最近,社会上曝光了很多违背职业道德的事情,阿里巴巴、京东、百度、小米、大疆、腾讯等企业，均以公开信的方式处理了很多腐败事件，这说明了企业界与腐败事件做斗争的决心。我们相信在不远的未来，随着社会风气的改变，职业人的生存环境会得到大幅改善，我们建议所有员工都不要挑战职业道德，要呵护好自己与平台。

另外，员工要努力做一个合格的职业人。很多员工完不成工作、出错率高，工作在他手上总是做不好，错误百出，但安排另一个员工，工作立刻就做好了；有的员工能勉强完成工作，但会影响上下游的工作，如因采购价格过高而影响销售等。

坚持稻盛和夫倡导的"在工作中付出不亚于任何人的努力"，大部分工作瓶颈都会迎刃而解。只有这样的员工才是忠诚的员工，才是应该被重用、提拔的员工，在这些忠诚员工的努力下，企业才能得到快速、良好的发展。

企业是大家共同发展的平台，维护企业利益，是对所有员工的利益与未来负责。在经营过程中，很多企业都遇到过员工挖企业墙角，甚至是贪腐违法的事件，对这种侵犯企业及员工利益的事情，有些员工是非观不强，不但不谴责，反而表示羡慕与认同，这是对正确价值观的严重背离。

在企业中，员工要想获得良好的发展，就必须表现出对企业的忠诚，只有这样才能走上中高层位置。

员工证明自己对企业的忠诚是需要时间的，没有几年的时间，没有经历过重大事件，是不能获得忠诚评价的，因此频繁地更换工作的员工是很难走入企业的核心决策层的。

以阿里巴巴的高管为例。1999年，阿里巴巴"18罗汉"跟着马云在杭州创业。马云于2006年前后大规模引进职业经理人，引入了一大批国际级人才，然而这些"空降兵"大部分都在短时间内"阵亡"了。

在阿里巴巴2014年赴美上市时，28位合伙人名单里有7位"罗汉"依然坚守在阿里，其中彭蕾、戴珊、谢世煌、吴泳铭个个身居要位，其余离开的 11 位也大多是在担任要职后离开的。对比阿里巴巴的"空降兵"，这些忠诚的老员工获得的回报更大。

老员工的价值

从大视野上看，10 亿元规模以上的企业都是公众企业，承担着创造就业岗位的社会责任。如果懈怠，企业就会失败，员工就会失业，其生活会陷入困顿，其他企业会迅速崛起填补市场，更坏的情况是由国外企业填补市场，连就业岗位都会转移到国外。因此，这些企业真正的社会责任就是让企业在竞争中活下去，让企业发展，让员工生活得越来越好，这是所有企业家的梦想。

伴随企业发展的员工，经过了 10 年左右的努力，会在 35 岁左右成为企业的中高层领导。这些员工的收入水平或社会地位都有了一定的基础，同时也面临着各方面的压力（家庭、社会、身体），他们对成功及金钱的渴望也没有以前那么强烈，其奋斗精神会慢慢被消磨掉。

企业发展是需要奋斗精神的，一旦出现懈怠情绪，则可能被竞争对手超越，企业家都懂得这个道理。因此，要想使企业保持奋斗精神，就必须聘用奋斗型的员工。

企业家应如何化解奋斗型员工的需求与老员工的懈怠之间的矛盾呢？办法只有一个，那就是培养老员工的奋斗精神，让他们保持斗志。要想培养老员工的奋斗精神，最关键的就是确保企业家具有奋斗精神，企业家没有了奋斗精神，单纯地让老员工去奋斗，这无疑是不现实的，企业家以身作则是带领老员工奋斗的最有效的办法。

企业家应关注老员工的学习情况，对老员工提出更高的要求，这样才能保持老员工的奋斗精神。老员工应在不断的进步中挑战自己、完善自己，知道自己与竞争对手的差距，从而激发自我实现的欲望，促使自己继续奋斗。

具有奋斗精神的老员工是企业真正的财富，他们往往认同企业的文化，会忠诚于企业，理解老板的意图，执行力强，因此在各成功的企业中都有一些具有奋斗精神的老员工。

在企业中，有奋斗型老员工愿意持续奋斗、愿意追随企业家，既是企业家人格魅力的体现，也是企业事业发展的基石。要了解一家企业创始人的人品、洞悉一家企业的前景，去看他的老员工，你就会有答案。

企业家与奋斗型老员工的安全感是相互给予的，这些老员工的离去，不仅是企业家的损失，也是企业的损失，更是对企业文化的一次巨大冲击，经常会导致很多摇摆不定的员工相继离职。

第五节 讲竞争

拒绝帮派主义与山头主义

以人员属性（校友、亲属、朋友等）划分信任对象的做法就属于帮派主义。帮派主义对企业管理最大的伤害是不讲事实，有经验的管理者对于帮派主义无不深恶痛绝。

帮派主义的特点如下。

（1）对自己帮派有利的事才做，对自己帮派不利的事以拖代办。

（2）对自己帮派有利的话才说，对自己帮派不利的话，做辩解或者不说。

（3）表扬自己帮派的人，对非自己帮派员工的优点视而不见，若其做错事则纠缠不放。

（4）提拔自己帮派的人，压制帮派外的人。

帮派主义者通常不会对工作目标负责，没有是非观，而且把圈外人视为"异己力量"，所以企业应反对一切帮派主义。

要解决帮派主义问题，就必须要了解帮派主义产生的原因。之所以会产生帮派主义，是因为人们会在潜意识中追求安全感，即在主流体系中无法获得安全感时，人们往往会通过建立属性认同的小圈子（如校友、同乡），相互承诺，建立安全感。也就是说，帮派主义是追求安全感的一种必然结果，而在优秀的管理模式中，安全感是透明、公开的，无论是企业高层还是中层都不需要通过帮派依附来获得安全感。

企业应围绕企业一把手建立员工可预期的安全感。这种安全感是通过公平、透明的规则建立的，这种规则应让所有员工相信每个人都会得到公平的对待，这样员工对帮派主义的诉求就会降低。

在建立员工可预期的安全感之后，还要解决山头主义。什么是山头主义呢？在一个正式组织内，各团队在为特定目标奋斗时，为了打造团队凝聚力，团队领导会大力提拔其信任的人员，从而形成了相互照顾、相互信任的团队，时间一长就会形成山头主义。

避免山头主义的做法，通常是要明晰企业的管理核心，即围绕一把手打造管理核心，各条业务线都应该围绕该核心进行管理，并在合适的时候对团队领导进行调岗，以实现山头主义的良性切换。

如果企业内有了帮派主义或山头主义，那么该如何处理呢？一个根本性的办法就是让参与帮派的收益小于参与帮派的风险。在帮派出现后，企业一定要及时处理，而且绝不手软，对于有拉帮结派嫌疑的员工，必须让其离开。总之，企业要让员工在帮派问题上具有警惕性、敏感性，使其产生足够的畏惧心理。

帮派主义是任何企业都会面临的问题，如果没有合适的引导，就一定会出现恶性事件。一个好的企业文化，应坚决打压帮派主义，强化员工个人公平规则下的安全感。在山头主义问题上，企业应通过调动团队领导加以解决。企业只有通过围绕一把手打造凝聚力，才能有效化解帮派主义与山头主义带来的危机。

做支持变革的建制派

随着多年的运营发展，企业内会慢慢沉淀下来一批建制派。这些建制派是维持企业现有运营秩序的重要力量。

对企业来讲，建制派通常指企业的中高层，即占有关键职位的既得利益者。建制派有两种身份：一种是现有秩序、企业文化的维护者，促使企业正常运转；另一种是新秩序的反对者。建制派认为变革意味着风险，因此对变革通常保持警惕性，拒绝不可控的变化，也就是说要将变化控制在自己可以接受的范围内，否则就加以拒绝。由于对企业的忠诚及历史贡献，建制派取得了各方力量的信任，因此他们的意见具有较大的影响力。因此，建制派在保证企业旧秩序的一致性与纯洁性方面发挥着极为重要的作用。

然而变革是企业永远的主题。在当下，社会环境、商业模式、新技术的变化越来越快，企业变革的速度也应越来越快，不变革的企业就会被时代甩出主流市场，此时建制派就会成为企业变革最不可逾越的阻力。

企业建制派是历史沉淀下来的,企业成功了就一定会产生一批建制派。同时,变革派是企业面向未来必须要构建的阶层,没有变革派,企业就没有未来。因此,建制派与变革派在一家成功的企业里必然是同时存在的,也是相互矛盾的,这也是企业较重要的矛盾。

在处理这一矛盾时,大部分企业会以牺牲建制派,直接调整组织结构的办法进行。例如,美的公司几个月就要调整一次组织结构,华为让40岁以上的员工直接退休等,这些方法对于企业来讲无可厚非,但对于员工来说伤害太大。

那么有没有更合理的处理建制派与变革派之间的矛盾的方法呢?

(1)确保企业家的变革决心,使其意识到变革是企业发展的动力源泉,促使其亲自推动变革。例如,信息化项目在每家企业中都是一个巨大的变革,信息化项目又叫一把手工程,只有一把手才能说服建制派变革,这也是为什么当年华为实施 IPD 项目是任正非亲自下命令,联想实施 ERP 是柳传志亲自下命令。

(2)改变建制派的思想,通过加强学习,使建制派成为学习能力强、勇于接受新事物的改革派,从而使其产生迫切的变革愿望,激发其自我变革的内部动力。这是较优的处理方式。只要企业家的变革决心足够大,就一定会出现有变革之心的建制派,由建制派组织的变革就会相对简单,阻力会小很多。

(3)改造建制派的组成,给建制派加入新鲜血液,通过培养新成员,使建制派内部产生不平衡。新建制派会倾向于打破原有的平衡,老建制派也会在压力之下做出同意变革的选择。

(4)进行外部推动,即在外部咨询公司的推动下,对建制派进行思想转变培训、岗位调整,推动变革方案的落地。很多企业选择外部推动,是为了通过外部咨询公司对建制派进行冲击,以实现变革的目的。这是企业最无奈的办法。

当然,当以上办法无效时,建制派的牺牲也就不可避免了。不牺牲建制派,就一定会牺牲企业,通过牺牲建制派以实现企业变革也是一种历史的必然选择。

鼓励建设性冲突

在职场中,有人经常会说:"老板特别喜欢我们各部门之间打架,看见我们冲突他非常开心。"其实这只是看到了表象,未看到企业家背后的逻辑。

冲突的意义在于让矛盾充分暴露、尽快暴露,并一次性、根本性地解决这个矛盾。

控制部门与业务部门、供应部门与制造部门、制造部门与销售部门、质量部门与销售部门、服务部门与被服务部门,这些部门之间一般都会产生矛盾,这些矛盾是提升企业管理水平的源泉。如果这些部门一团和气,那么说明大家没有工作压力,或者没有传递压力的诉求;或者没有员工为工作上心,有问题当没看见;或者有人太强势,其他人不敢提意见;或者他们达成了默契,相互容忍;或者问题被双方私下勾兑。

有人说,优秀企业中的矛盾双方能自行解决矛盾,这是不了解企业分权机制的说法。企业中有很多定位冲突的部门,如果双方能够解决矛盾,那么一定是有勾兑的,往往会牺牲一个部门来满足另一个部门。因此,优秀的管理者是通过将问题显性化,把隐藏的冲突解决掉。例如,丰田看板管理模式的本质就是解决问题后面的隐患,而不是问题本身。冲突显现出来后,管理者应从更宏观的视角对其进行分析、判断,甚至是调整某些部门的指标,以从根本上解决该冲突。

冲突是必要的,但是冲突多了,工作环境会变得不愉快,员工之间的积怨会很深,从而导致离职率升高。因此,企业必须控制冲突的种类与频率,而不是不分种类地有意制造冲突,并且要对核心问题的冲突进行重点关注。

核心问题的冲突是指核心业务、影响较大的问题冲突,而不是日常工作细节问题。过于细节的冲突会导致部门边界墙越来越高、流程越来越复杂。有些部门甚至会通过增加审核程序来解决本部门出口处的工作正确率,这极大地增加了管理成本,同时也违反了诺贝尔经济学奖获得者罗纳德·哈里·科斯(Ronald H. Coase)提出的企业存在就是避免"交易费用"的原则。

建设性冲突是指发生冲突时,冲突双方同时着眼于解决问题,从事情本身逻辑、企业发展的视角,提出问题解决措施及相关改善建议。建设性冲突的目标是优化,找到解决方案,而不是证明正确与否。因此,建设性冲突是最能体现企业管理水平的。

在这一点上,大部分企业做得并不好,其内部往往会出现报复式冲突、细节上的冲突、对人冲突、失控式冲突等。在英特尔公司,建设性冲突既是其企业文化,也是促进其发展与创新的一种管理工具,这是值得我们学习的。

一票否决的高压线

随着企业的规模越来越大,员工越来越多,难免会出现出格的员工。这些员工虽然数量极少,但带来的危害极大,甚至会搞垮一家百年企业。

1994年下半年,巴林银行的"天才交易员"尼克·李森由于违规操作,搞垮了巴林银行。巴林投资银行首席执行官彼得·诺里斯总结说:"我认为可以从中汲取很多教训,最基本的一条就是不要想当然地认为所有的员工都是正直、诚实的,这就是人类本性的可悲之处。多年来,巴林银行一直认为其所雇用的员工都是值得信赖的,都信奉巴林银行的企业文化,都将企业的利益时刻放在心中。而在李森的事件中,我们发现他在巴林银行服务期间一直是不诚实的。巴林银行存在着内部管理机制的诸多不足,一直没有及时发现李森的犯罪行为,而当发现时却为时已晚。因此,我认为教训是,应该随时保持极高的警惕性。"良好的企业文化、悠久的历史、员工的高素质仍不能避免恶性事件的发生,巴林银行事件也因此成为一个员工搞垮一家企业的典型案例。

企业制定高压线政策有两个作用:其一,对员工心理的威慑作用;其二,作为企业奖惩的制度依据。在以上两个作用中,最为核心的是第一个作用,企业制定高压线政策的主要目的是让员工对不良行为不敢为、不敢想,而不是亡羊补牢。

在企业规模较小时,大部分人都在企业家眼皮底下工作,工作中一旦发生错误,员工就会在几个月内承受该错误所带来的压力。然而,在企业规模扩张后,部门开始由职业经理人管理,职业经理人如果没有对员工的错误持有深恶痛绝的态度,那么员工即使犯了再严重的错误,他们都会很快忘记,这样的后果就是员工们无所畏惧、有恃无恐。

企业规模变大时,企业一定要制定相应的制度,让大家知道什么错误是不能犯的,只要犯了,就会成为其职业生涯的污点,跟随一生。目前,各大企业不但执行了高压线政策,而且会在媒体上公开宣传,对员工产生威慑力,以此降低管理成本,并获得社会对企业的认同。

企业制定高压线政策时一般要考虑三个维度:财物上的贪污受贿、业务上的伪造做假、信息上的泄密。

（1）财物上的贪污受贿，如向合作单位借钱、借物，或接受他人的财物，包括现金、银行卡、购物卡、折扣卡、代金券等。

（2）业务上的伪造做假，如以侵占市场经费为目的虚报市场推广费用。

（3）信息上的泄密，如把企业机密信息传达给竞争对手。

企业应对员工的行为进行规范，并对员工进行严格的培训与教育，使企业高压线政策成为企业文化的一部分。

企业文化与企业高压线政策一正一反，明确了什么行为可为、什么行为不可为，鼓励员工的正向行为，使员工不敢犯错，从而大幅降低企业的管理成本。

第五章　裂变式增长：
　　　　寻找业务增长的规律

在 20 世纪 20 年代，生产是企业运营的核心，营销是企业的辅助工具，用于帮助生产部门提高产品流通效率。

在 20 世纪 50 年代，产能过剩，营销部门成为企业的主要部门，此时营销的重点是宣传产品卖点。

在 20 世纪 60 年代，营销的重点转移到用户，包括研究用户需求，对用户心理进行研究，广告业逐渐兴起。

在 20 世纪 70 年代，营销的核心向竞争对手转移，企业以打败竞争对手为第一目标，商战理论开始流行。

进入 21 世纪，科技快速发展，营销的重心转移到了产品创新及蓝海战略，如功能手机衰落，智能手机崛起。

一百年来，营销功能的转移说明在不同阶段中，业务增长的关键点是不同的。但总体来说，由于存在产品创新的平台期，商业竞争仍是大部分企业规模增长的关键控制点。

第一节　营销理念

理直气壮地进行商业战争

如今的市场属于存量市场，而存量市场的本质是零和博弈的商业战争。

在市场竞争中，在某种条件的推动下进行销售策略调整，或者试图进行市场突破时，如果竞争对手足够优秀，那么其一定会及时组织反击。此时，如果后者通过有效阻击，让进攻方在进攻之初就怀疑其销售策略的合理性，从而迫使他们放弃进攻，那么被攻击方就会成为商战赢家。如果被攻击一方后知后觉，或者不知道市场份额下降的具体原因，那么被攻击方就会成为商战输家。这是一场典型的商业战争场景。

存量市场的市场份额是固定的，一方的市场份额多了，另一方的市场份额就少了。基于这一点，我们就不能简单地认为做企业就是踏踏实实地做好自己的事情。市场上成功的企业永远都是整体协同最好的企业。

在竞争中，整体占优势的企业往往会获胜。这与传统战争类似，大多数商业战争中并没有通过降维打击武器来决定胜负，依靠某个绝对领先的技术获胜的企业只有寥寥几家，如苹果依靠 iPhone。大部分企业都是在各方面都相对平等的条件下开展商业竞争的，因此能否协调好各方面的资源，就成了企业在商业竞争中获胜的决定性环节。

商业战争是在相同背景、相同技术条件下进行的市场份额争夺战。商业战争的结束，是以一家企业的市场份额大幅度领先为标准的，具体来说，就是获胜企业的市场份额超过竞争对手三分之二。

商业战争是客观存在的，正确处理商业战争，是对所有企业管理者的首要要求。面对竞争对手，需要企业管理者从你死我活的战争角度来思考问题，而不仅仅是把自己的事情做好，要做到知己知彼，要策划战略并及时应对，这样才能获得商战的胜利。

要想处理好商业战争，企业就需要理解商业战争的目的与手段。商业战争的目的不是从肉体上消灭竞争对手，而是消耗对手团队的斗志、士气。

商业竞争就是一场战争，不好意思谈商业战争，就是还没有领会商业竞争的本质。

另外,商业战争是讲究人心向背的,企业随时要确保人心所向。为此,企业有五个维度需要关注:股东、员工、合作伙伴、客户和消费者。企业最忌讳的是股东内讧,股东内讧会使企业失去根基;员工是商业战争的组织支撑,没有了员工的认同,商业战争是无法组织起来的;合作伙伴是商业战争的资源方,没有供应商、媒体的资源支持,企业是无法打赢商业战争的;客户决定了战役的走向,客户既是渠道,也是战场,取得客户的支持,就是获得了地利;消费者的支持决定着最终谁能获得商业战争的胜利。

总之,企业要把商业竞争视作商业战争。企业家和职业经理人应时刻保持警惕,时刻准备应对竞争对手的挑战,时刻准备应对一场战役,这是实现业务增长必须要有的战略高度。

技术乘数和兰彻斯特方程

打赢商业战争有两种策略:一是依靠技术乘数建立优势,二是打造资源集中的兰彻斯特方程优势。技术乘数是指双方单兵的战斗力差异,打造技术乘数优势就是使自己的团队掌握新工具,提高团队成员的个人能力。兰彻斯特方程优势是指在团队成员个人能力相近的情况下,使自己团队的资源尽量集中,以数倍于竞争对手的资源对其进行打击。

兰彻斯特方程是英国工程师兰彻斯特于1914年提出的,这个方程在军事上有两个应用。

(1)战斗力量:即部队战斗力是部队数量的二次方,在单兵战斗力相同的情况下,如果红军数量是蓝军的2倍,那么红军战斗力就是蓝军的4倍。

(2)战斗损失:当红军、蓝军的兵力相当时,如果一方集结了对方两倍的兵力，那么不但能打赢，而且损失会很低。假设红军有 6 000 人、蓝军有 3 000 人，双方轮流作战，那么第一战，红军 6 000 人将以损失 804 人的代价全歼蓝军第一组 3 000 人，剩下的红军 5 196 人再以损失 954 人的代价全歼蓝军第二组 3 000 人。以此类推，当一支部队的数量是对方的两倍时，其可以连续战胜四支这样的部队。

应用在商业上，打败竞争对手也取决于两个因素：一是通常所说的效率因素，即技术乘数；二是组织因素，即兰彻斯特方程。

在销售过程中，技术乘数是指企业销售人员的销售能力、平台技术等因素。要提高技术乘数，一是利用平台技术因素，如销售订单系统、销售 App 系统等工具；二是进行员工技能培训，包括产品熟悉度、销售技巧、客情维护等相关培训。对于技术乘数，企业应在日常工作中进行提升总结，慢慢成就企业的销售乘数。

兰彻斯特方程则有助于企业拿下市场，并以最小的资源为代价拿到更多的市场份额。

最为经典的案例当属 Zara 与 Etam 在我国市场中的竞争。2006 年，在我国快时尚领域，Etam "一统江湖"；而在 2009 年，Zara 就与 Etam 在销售额上平起平坐；到 2014 年，Zara 的销售额已是 Etam 的两倍，彻底打败了 Etam。以 Zara 2006 年在上海的突围为例，当时上海 Etam 的专柜分布在各大商场中，并且 Etam 已做好迎战准备，而 Zara 则按照兰彻斯特方程的原则，将全国资源全部聚焦于上海市场，避开了上海的各大商场，在南京西路租下了 1 200 平方米的二层小楼，在淮海路租下了一个 1 500 平方米的三层小楼，并以这两个自营店为战略决战点进行资源投放，上架了上万种服装，并以比 Etam 贵 30% 的价格销售。随后，Etam 组织反攻，但由于资源无法聚焦，Etam 只是开了三家小规模店面，试图进行拦截。几个月之后，Zara 在上海的销售额就达到了 Etam 的一半，从此打开了我国市场。这就是一个经典的兰彻斯特方程商战案例。

虽然技术乘数与兰彻斯特方程都能帮助企业取得竞争胜利，但技术乘数是乘数效果，兰彻斯特方程是指数效果，相对而言，兰彻斯特方程比技术乘数更重要一些。

因此，要想取得商战的胜利，企业就必须关注技术乘数与兰彻斯特方程的应用，并着重推广兰彻斯特方程的应用。

敢打才是根本

不敢制定销售目标，没有决心与信心，在销售中是一件令人很恼火的事情。

例如，企业某业务部门的市场份额很小，在无限资源的支持下，仍不敢定任务；许多业务的市场总量极大，而且是空白市场，但仍不敢争第一；市场增量很大，在快速增长，但不敢抢增量；竞争对手虽然市场份额第一，但不稳定，即便如此，企业仍不敢亮剑，总是在边缘地区、边缘产品上绕圈子。这些都是不敢打的典型情况。

不敢打的原因有三个：一是不熟悉情况，既不了解自己，也不了解竞争对手，更不了解市场；二是没有思路，没有打击竞争对手的策略与办法，对自己的思路没有信心；三是对结果没有洞见，接受不了打不赢的结果。在这三个原因中，熟悉情况是基础，思路是决定性的，结果洞见是兜底的，解决了这三个问题才能真正敢打，并确保打赢。

敢打是战略发展的要求。在开发新市场时，有了敢打的团队，企业才能够抓住市场机遇。通常市场并不是均衡增长的，市场有着自己的发展规律：

首先是市场启蒙阶段，然后是快速发展阶段，最后是存量阶段。企业必须要抓住市场快速发展阶段的机遇，根据市场战略机遇点发动几场经典战役，抢占市场份额，如果企业浪费了市场机遇，那么要拿下这个市场就极其困难了。

敢打也是业务取胜的逻辑，企业之所以敢打，一定是因为企业对市场、竞争势态、自己的资源进行了充分的计算和分析，有了打胜仗的逻辑，并且对万一失败有了一定的承受力。只有经过这个过程，企业才会发自内心地敢打，才会对打赢有着充分的信心。

敢打同时也是一种士气，对于各种营销战役，有了敢打的决心，企业才能组织团队进攻。没有人敢接工作、没有人敢定任务，松松垮垮，随遇而安，即使组织起来，这种团队也是经不起冲击的，既守不住自己的市场，更攻不下别人的市场。

销售管理就是为了激发营销团队敢打的士气，使其能够制定具有挑战性的目标，使其能够在遇到挑战时挺身而出，如此一来，销售增长就会成为一种必然。

第二节 营销战略

建立销售管理框架

销售管理的框架清晰，各管理层就会各司其职。

没有清晰的销售管理框架，企业高层就会做着中层甚至是基层的工作；

基层会以主人翁之名,操心中高层该做的工作。

一个清晰的销售管理框架,其战略层、策略层、执行层应该是分开的,战略层输出方向与目标;策略层输出配备资源后的工作任务及工作思路;执行层负责目标达成(见图5-1)。

战略层	主要考虑国际形势、政治环境、经济趋势、行业趋势、技术方向、行业格局、竞争对手,以及行业处于保守期还是扩张期、销售时机是否适当、整体资源是否具备、有无必要引入新资源	➡	方向与目标
策略层	团队的结构及调整、产品的结构及调整、供应商的结构及调整、渠道的结构及调整、区域的结构及调整、客户的结构及调整、利润结构的设计、成本结构的设计,以及产品的团队资源配置、区域的团队资源配置、渠道的团队资源配置、区域产品分配、促销的资源分配、广告的资源分配	➡	配备资源后的工作任务及工作思路
执行层	任务的执行 形象促销的执行 路演促销的执行 广告的执行	➡	目标达成

图 5-1 销售管理框架

销售业务的成功,要有这三个层面的分工,各层面人员各司其职,销售就会比较顺畅,思路会比较清晰,如果大家都做执行层的事,不讲时机的把握,不讲资源的配置,那么销售工作大概率是要忙乱的,同时失败的可能性也很大。

在销售管理框架中,战略层的结论时间颗粒度较大,基本一年确定一次,甚至两年确定一次,重要但无需经常关注。执行层是具体的操作,有人做得好,有人做得不好,而大多数人做得好就是一个好的执行,大部分企业都比较偏重于执行层。策略层是最关键的,策略层的时间颗粒度是几周,至多是几个月。同时,企业要根据销售的效果随时调整资源的配置与工作思路,以确保资源配置的合理性及工作思路的有效性。

在策略层，结构设计相对重要，结构决定性质，组织的结构决定了组织的活力；产品的结构决定了面向的细分市场；供应商的结构决定了供应的稳定性；渠道的结构决定了企业的性质；客户的结构决定了终端的发力点。这些都是管理的根基，明白了这些结构，管理就会变得简单。

再来看资源的分配。资源的分配主要包括团队与费用的分配。团队决定了一项工作能否有效推动，因此团队的排兵布阵是第一位的。费用的分配也是如此，费用分配到对的地方，就有效果，分配到错的地方，就没有效果，而费用能否有效分配是由企业的实践经验决定的。

最后是策略层的输出。策略层的作用是输出任务与思路，并把这些任务与思路交给合适的团队，为其配备合理的费用。如果是好的输出，那么这些任务就是大概率能够完成的。如果是不好的输出，那么这些任务大概率是不能完成的。一般在分配这些任务之初就会有结论，而不是在真正执行完的时候才知道有没有效果。

管理框架的核心在于中层，企业应告诉中层做什么、怎么做、具体要求是什么，并且要求中层紧盯该层次的工作，这才是良性的管理。

当然，管理框架也不是说绝对不能跨线，在中层搞不定的时候，高层就要做中层的策略性工作。在基层的工作遇到阻碍的时候，中层就要到基层去实操、带队伍。对于做得好的基层，企业要将其面向中层培养，对于做得好的中层，就要慢慢培养其拥有高层的视野。有了这些思路，管理就相对简单了。

如何定义销售的成功

我们一直纠结于销售成功的标准：拿下一个订单；完成年初制定的小目

标，如实现销售额、利润额的目标；取得一个新市场，如攻下某个市场并取得一定的市场份额。总体来说，这些都不是真正的成功。

订单成功来自个人视角，指标成功来自团队视角，但这些成功都是暂时的、不可靠的。其中，个人视角是最不保险的，因为我们随时会由于各种原因而丢掉订单，或者对手订单比我们多。对于团队视角，由于我们不能保证竞争对手的指标比我们的指标差，因此也无法确定是否是真正的销售成功。这些成功标准都是暂时的，我们需要寻求更为合理的销售成功标准。

我们可以按照市场形态的三个阶段去定义销售的成功：混战阶段、决战阶段和无人区阶段。

（1）混战阶段。如果市场正处在混战阶段，行业中没有明确的老大与老二，企业也没有明确的竞争对手，或者有很多竞争对手，那么在这种情景下，企业的目标就是成为行业中的老大或老二。在成为行业老大、老二的过程中，企业应充分地关注自己，研发好产品；服务好客户，为其提供性价比较高的产品。此时，企业不应该将精力放在攻击别人上，闷声发大财是此时最佳的策略，而混战阶段的成功标准就是成为行业的老大或老二。

（2）决战阶段。混战阶段之后是决战阶段，此时作为行业的胜出者，行业老二与行业老大的竞争是主要矛盾，如果行业老二的销售额达到了行业老大的销售额的60%，行业老大与老二的战略决战就开始了。

在这个阶段中，无论企业是行业老大还是老二，销售成功的标准都不再是实现销售目标或拿下某个市场，而应该是打败竞争对手。

（3）无人区阶段。无人区阶段主要是指企业进入无人领航、无人跟随的阶段，此时企业会迷茫。为了打破这一困境，企业必须坚持开放原则，进行科技创新。在这个阶段中，企业的销售成功就只能是自己与自己的比较了。

企业处于混战阶段与决战阶段时都是幸运的，因为企业不会孤独、不会迷茫，只要打败竞争对手就可以了。当然，在这些阶段中，决战阶段是最为关键的，企业在该阶段中应以打败竞争对手的团队为目标，只有在这个指导思想下，企业才能获得根本性的、不可逆转的胜利。

循序渐进地打造销售体系

企业销售体系的打造取决于市场的发展阶段。随着市场的发展，企业的销售体系会由关注产品制造的产品为王阶段，发展到关注渠道的渠道为王阶段，再之后发展到关注终端的终端为王阶段，最终发展到关注消费者的消费者为王阶段，所以说市场的发展阶段是决定企业销售体系的方向性因素。

另外，企业销售体系的打造还取决于销售团队的发展阶段。销售团队是一步一步成长起来的，任何一家成功企业的销售体系都不是照搬来的，都是按照团队成长的客观规律予以打造的。只有经过足够长的时间，才能最终打造出先进的销售体系。

我们先来看市场阶段的决定性。大部分人认为以下五个市场要素决定了企业销售体系打造时的特点。

（1）产品。企业做什么产品、产品定位是什么（如中档或低档）、要不要做系列产品、产品规格等与市场阶段是密切相关的。

（2）渠道。渠道是业务的通路，企业需要根据产品定位、区域经济状况选择合适的渠道。只有选择了合适的渠道，才能实现销售的规模化。

（3）人才组织。人才组织是企业发展的基础，企业应根据市场所处阶段配置符合现阶段特质的人才队伍。

（4）品牌。所谓品牌，就是信息流动早于物流流动，占领了消费者的内心。

（5）销售套路。各个市场阶段都有各个阶段的销售套路，找到并按该销售套路去做，企业就一定会获得成功。

不同市场阶段下的销售体系是不同的，企业要根据具体的市场环境去打造有效的销售体系。有些企业家会一直寻找标杆，认为别人的成功就是自己的路径，所以模仿知名企业就成为自己的救命稻草。其不知外部的市场阶段不同、自己的资源不同，适合自己的销售体系也是不同的。

即使特定阶段的销售体系是确定的，企业也需要循序渐进地予以建立，不能指望一次就能把所有方面都做得井井有条。销售体系是一个复杂的机制，企业必须一项内容一项内容地建立，只有这样才能将这些内容与销售团队融为一体，才能在操作过程中随心所欲，使其发挥巨大效用。无论哪个阶段的销售体系，其建立至少要分为三个阶段。

- 第一阶段是先确认最基本的结构，即确认产品、渠道、组织、套路四个方面的结构，并在这四个方面发力，也就是通过团队铺货带动业务发展，以达成初步的市场目标。
- 第二阶段是在第一阶段的基础上，关注品牌与流量两个方面，突出品牌媒体的打造与流量的吸引，从而形成品牌业务。
- 第三阶段是强化价格体系、现金流、供应商。该阶段属于优化与稳定结构的阶段，其目标是强化护城河的作用。

要想打造优秀的销售体系，企业就不能指望空降一两个营销高手，或者靠一次努力，就把问题都解决了，这是不现实的。循序渐进地打造销售体系，把精力放在企业当年的增长目标的完成、当年的体系建设任务的完成等，三年下来，一个真正优秀的销售体系就会横空出世。

销售增长是策划出来的

在某个时期，企业的销售增长会陷于停滞状态，此时企业该怎么办？

销售增长是衡量企业经营是否健康的核心指标。销售不增长的企业，通常会陷于以下困境：团队没有士气、优秀员工离职、团队无法扩容、无法吸收新鲜血液、团队越来越平庸。如此时间一长，企业就会处于崩溃的边缘。

增长停滞对企业来说是大概率事件，按统计规律来说，企业每隔几年就会陷于一次增长停滞。此时，企业家应开始修炼，以提升自己，一旦打破瓶颈，企业就会焕发新的气象，回归增长。然而，这个修炼过程是比较艰难的，要有很大的思想转变，要有很大的组织变革，所以我们常看到的现象是企业每隔几年就要更换一次销售管理人员，这在本质上是通过更换销售管理人员来打破旧思维。

我们观察一家企业是否良性，最简单的方法就是看其销售额，其销售额增长了就是好的，销售额不增长就是有问题的。在2010年左右，IBM的销售额一直处于不增长状态，而其利润却一直在增长，虽然股市当时也认同了其利润增长逻辑，但从现在的视角来看，IBM当时挤压成本、压缩福利的做法并没有拯救IBM，反而把IBM推向了深渊。

销售增长不是惯性的必然，也不是通过努力就一定能实现的，更不是通过人员堆叠出来的，销售增长是策划出来的。

企业管理者每年都需要找到本年度销售增长的逻辑或动力，具体包括七个方面：市场驱动、投资驱动、产品驱动、商业模式驱动、组织驱动、管理驱动和战役驱动。

- 市场驱动：来自新市场的扩容，市场容量增加了，企业通过现有模式运营，就会获得新市场的增长量，企业规模自然而然会增长。

- 投资驱动：通过对固定资产的投资，企业会获得更大的产能、更大的规模优势，通常适用于市场快速增长阶段，即通过比竞争对手更快、更大胆的投资，获得大部分市场增量；另外，在存量市场阶段，则可以通过收购实现增长。
- 产品驱动：通过开发新产品，充分开发新的市场，以获得企业增量，这一模式在浅水国家市场应用较多。浅水国家市场指的是国家较小、行业天花板很低的市场。
- 商业模式驱动：通过对企业上下游合作伙伴的关系进行调整，以获得竞争优势的一种方式，包括销售方式变化（如改正常销售为融资租赁等）、上下游股权变化、渠道的变化等。
- 组织驱动：通过调整销售组织架构，使销售组织获得活力的一种方式，这是一种机制调整，而不仅仅依靠个人的主观努力。组织驱动是最常见的方式，在各企业中应用较广。
- 管理驱动：通过绩效、员工技能培训等方式提高效率，以获得增长。这种驱动方式受到外部因素的影响较大，效果通常不佳。
- 战役驱动：通过发起战役扩大市场份额，包括主动发起，即为了抢占市场份额、打击竞争对手而策划战役；被动应战，即由竞争对手发起，企业应急防御反击。

企业应每年召开战略会议，针对下一年度的企业增长逻辑进行专题讨论，以上七种逻辑可以单独使用，也可以结合使用，也可以轮番使用。例如，阿里巴巴以两年为一个周期，第一年采用的是商业模式驱动，第二年采用管理驱动，第三年又采用商业模式驱动，如此循环，最终获得了快速的企业增长。

决定未来的业务增长点

回顾优秀企业的发展历程会发现,优秀企业都很好地把握住了历史进程中的业务增长点。

业务增长点往往代表了机会与未来,一家企业的发展史,往往就是其业务增长点的甄别史。其中,业务增长点的甄别是最难的,因为通常业务增长点是不明显的,有可能在边缘团队手中,也可能是主力团队的边缘业务,甚至可能不是以业务形态出现的。能把业务增长点甄别出来,并配以资源拓展,对平台企业来说是最重要的能力。

什么是业务增长点?我们可以从三个维度进行考量。

- 市场容量足够大,有一定的发展空间,能够支撑企业未来的发展。
- 具有超常规的增长速度,证明是个增量市场。
- 具有一定的销售基数,证明具备了爆发的前提。

我们还可以结合企业市场、企业规模等,为这三个维度制定量化标准:对于市场容量,可以支持 10 亿元的规模,也可以支持 100 亿元的规模;增长速度,可以是几十倍的增长,也可以按百分比计算;销售基数可以 200 万元为标准,也可以 2 亿元为标准。

利用业务增长点决定企业未来,就是对选出的业务增长点进行设计、规划,在资源聚集的情况下,以饱和式攻击模式,最终实现增长需要。

同时,企业还应针对业务增长点进行体系化建设:建立未来 2~3 年的经营目标,打造经营团队,对经营节奏进行策划;建立客户模型、产品模型、营销定位模型、财务模型等;设计绩效激励制度,打造一支敢打又打得赢的队伍。在这种思路下,业务增长点的成功将是必然的,将完全不同于其他业务的自然增长。

进行业务增长点策划时要把握以下关键点。

（1）业务负责人及团队：选择对的业务负责人，并确保业务增长点的核心骨干团队是完整的。

（2）产品：并不局限于产品本身，而是产品、服务、工具的组合。

（3）客户：包括大客户、利润客户、战略客户等。

（4）财务模型：设立开放的预算模型，如毛利率的分配比例（研发费用）为5%、市场推广费为4%、售后服务费为4%、管理费用为25%、营销费用为25%、战略投入为8%、净利润为29%。

（5）激励：基于人均毛利进行总量控制、增量激励和关键控制点激励。

在以上五个关键点中，最关键的是业务负责人及团队的选择，选对了，业务就容易完成；选错了，就会影响业务增长的潜力。所以说，一定要选择能力最强的业务负责人，并要求其做最可能成功的业务，这样才能保证成功率。

业务增长点的实施过程，就像一艘船航行在市场大海中，有无数矛盾和异常，甚至于船本身也有问题，但这一切都会在业务负责人的带领下被逐一克服，使企业以比竞争对手更快的速度驶向目标。

关于业务增长点的实施，企业应以半年为一个评估周期，针对业务增长点的具体情况，判断是换人还是放弃，并确认是否纳入新的业务增长点。这也是平台化管理的特点。

平台中的业务增长点运营，相当于内部创业平台，捕获到业务增长点，就打造一个内部创业团队，拿出整套经营方案，然后在运营过程中把控遇到的各种风险，并围绕目标不停地重组资源，使团队最终实现既定目标。

第三节 营销组织

搭建金字塔型销售组织

有了营销战略,之后就是搭建实施营销战略的组织。我们此处只讨论小组织的组织方案。

小组织的组织结构通常是用金字塔结构来构建的(见图 5-2)。按照金字塔结构搭建的组织是人才经营的最优结构,具有沟通效率高、员工信任度高、有凝聚力、管理成本低等特点,同时金字塔结构也能够最大限度地保证销售组织的活力。

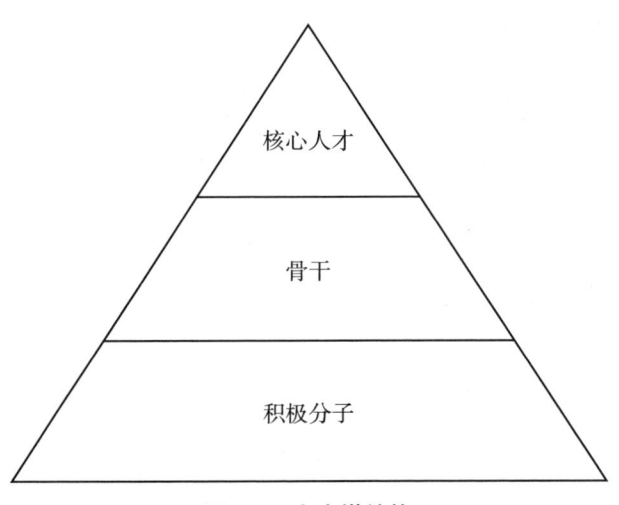

图 5-2　金字塔结构

金字塔的顶层是核心人才,数量为 1 个人,其是小组织的精神领袖,核心人才应熟知业务,具有领导力;中间层是骨干,数量为 2~3 人,骨干应保证业务的效果与稳定性，同时能够承上启下，回避顶层与底层的员工流动风险；底层是积极分子，数量为 4~5 个人，这些积极分子将很好地弥补骨干层的风险，甚至可以直接替补核心人才，承担最重要的团队责任。在这个结构之外的员工，其重要性要低一些，相当于不在组织框架内，其流动性对组织来说基本无影响。

金字塔结构是生命力最旺盛的组织结构：底层积极分子会向中间层成长，中间层骨干会向团队核心成长，在这个组织中，中间层有基层的压力，团队核心有中间层的压力，如果我们再保证底层新鲜血液源源不断地流入，那么所有员工都会有一种压力，在这种压力下，组织就会一直保持强大的动力。

同时，企业在必要时也要为组织舒缓这种压力，如把顶层的核心人才提拔到其他组织中，为中间层让路，也可以把中间层提拔到其他团队中去任顶层，这样就理顺了所有人员的晋升路径。有了很好的晋升路径，底层积极分子就会有成长激情，中间层就会有晋升冲动，顶层就会有组织掌控感。这样的金字塔结构不但有生命力，而且稳定性强、文化正向、效率较高、成本最合理。

我们先来看团队稳定性。顶层的核心人才有成就感，不会孤立无助，稳定性会非常好；中间层骨干有价值感，而且工作有紧有松，会比较有乐趣，也有晋升空间；底层积极分子看到比自己能力强的员工也有晋升通道，其稳定性就会更大。因此，三个层级的稳定性共同支撑了团队整体的稳定性。另外，企业还可以通过招聘不停地引进新员工，并对新员工进行培训，使其快速上岗，这既有助于现有员工合理地认知自身价值，同时由于能够迅速补充新员工，对任何员工的依赖性都会降低，因此在心理上也会对员工的稳定性产生帮助。

在金字塔结构下，团队亚文化会变得非常健康，团队凝聚力会更强。这是由团队经验搭配合理、能力存在合理差异带来的好处，由于团队核心较为优秀，团队成员会有较强的归属感，这样团队就易于管理。同时，在团队协作上，骨干与积极分子也存在一定的互补，骨干有能力、熟悉业务，可以把精力放在具有挑战性的业务上；积极分子冲劲较强，工作努力，通过大量的基础性工作获取经验，也能随时获得骨干的帮助，这样的团队能够打硬仗、恶仗。

我们再来看金字塔结构的成本。由于人员搭配合理，团队的整体成本也得到了很好的控制，如果一个组织中大多数员工都是精英或老员工，那么成本就会偏高。华为也曾出现过团队成本过高的问题，由于老员工流动率低，一个团队中大部分是在华为工作了 10 年左右的员工，年薪在 150 万元左右，加上办公差旅费、五险一金等成本，华为一年要为其支出 200 万元，最终华为在 2017 年年初对 34 岁以上的员工进行了优化，同时为了保证战斗力，华为大力引入新鲜血液，提拔新积极分子，以推动团队战斗力的提升。

销售主管素质模型

平台企业的销售主管的定位是经营者。

因此，平台企业销售主管的素质模型与传统企业完全不同，已不再偏重于销售技能，而是偏重对小组织的经营，具体包括业务战略、销售策略、产品定位、业务运营管理、客户管理、团队建设、应急事件处理等，并对所在组织的销售额、净利润负责。

素质模型是人才培养的指导工具，一方面使员工能够按照相关模板及时发现、弥补自己的短板，另一方面也使相关领导能够对照模型，有步骤地对员工进行培训。销售主管素质模型主要包括心力、业务能力、执行能力、领导能力和学习能力五个方面。

- 心力：主要是指自我实现的企图心。心力是平台企业销售主管的基础素质，其心力越强，越容易成功。
- 业务能力：主要包括销售操作技能及销售提升方案的策划能力。
- 执行能力：主要是指有方案就立刻去执行，而且任何事都要有善始善终的习惯。
- 领导能力：即带领团队、安排工作、实现目标、鼓舞士气的能力。
- 学习能力：即通过学习创新，保证业务持续增长的能力。

（1）心力。一位员工能不能胜任销售主管的职位，主要取决于他的心力，如果是自我实现型员工，无论工作多么辛苦，他们都能够坦然接受；如果员工没有心力，就受不得批评、吃不得苦，遇到困难会轻易放弃。

（2）业务能力。业务能力包括两个方面：一是销售操作技能，如产品知识、销售流程操作等技能，这些技能可以通过课堂培训、实操演练迅速掌握；二是销售提升方案的策划能力，如销售节奏设计、滞销产品解决、价格调整等能力，这些能力的提升是有难度的。

（3）执行能力。执行能力体现在两个方面：一是改变懒惰、依靠他人、怕出错的心理；二是要坚持有好的想法就立刻实施，并且做事要有始有终。执行能力从本质上讲是一个工作习惯问题，只要某件事能坚持一个月，就能达到优秀。

（4）领导能力。领导能力是指管理上的"爱兵切，用兵狠"。"用兵狠"是指对员工高要求，销售主管必须学会在下属能够完成工作的前提下给下属提出高标准的工作要求。"爱兵切"是指销售主管要学会承担领导责任，任务完不成、工作出现失误时，要勇于承担，而不是推诿，同时在生活上要乐于帮助自己的下属，多交流、多关心。只有这样，销售主管才能获得员工的拥戴。

（5）学习能力。只有不断学习的人，才有可能在任何情况下都创造性地提出解决方案，而只有源源不断地创新方案，才能保证企业在竞争中获胜。竞争对手在变，客户也在变，市场环境与技术水平都在变，没有学习能力，没有创新性的改良方案，任何成功都是暂时的。

建议销售主管根据素质模型进行自我修炼，以弥补自身短板，使长板得到最大限度的展现。

第四节　营销策略

销售套路的打造

销售的阶段性成功，一定是抓住了客户的某个痛点，找到了比竞争对手更高效的办法。销售套路就是对这个办法进行总结，抓住精髓并通俗易懂地将其表达出来。成功的企业都会总结自己的销售套路。

销售套路就是对销售成功模式的复制，如把一个团队的成功模式复制到其他团队；把一个区域的成功模式复制到另一个区域；把一项业务的成功模式复制到其他业务。在竞争中存活下来的企业一般都有自己的销售套路，它们会重视销售套路的总结，在销售套路上非常卖力，它们会及时捕获、总结自己的每一个想法，并最大限度地进行推广。

一般企业与优秀企业的真正差距，在于复制成功经验上，比如能否把成功经验套路化、能否把成功经验发挥到极致、能否把成功经验演变成竞争优势。吴建斌在《我在碧桂园的1000天》一书中，近距离地对碧桂园的管理模式及杨国强进行了观察。吴建斌认为，碧桂园最大的管理特点，就是总结了无数个成功套路，如"1+3"管理大法、"三级"管控法、"123"管理法、区域"1212"管理法、项目实施"4568"法、开盘销售"789"法、成就共享"567"法等。做运营管理的人都知道，有了这些套路模型，企业运营的确定性、可靠性都会大幅提高。

能不能总结销售套路，与管理者的能力是密切相关的。能总结销售套路的管理者一定是用心的经营者，因为只有对成功与失败进行长期的思考，才能总结出销售套路。

对于销售套路的总结，可以按照不同维度去进行，凡是能解决管理落后局面的销售套路就是有效的套路。

同时，销售套路又是有局限的，不同市场背景或不同业务适用的销售套路有所不同。例如，华为的铁三角销售套路是从某项目中总结出来的，只适用于较为复杂的项目销售，这种业务需要大量的信息交换，因此并不适用于华为手机业务。

在销售上成功的企业大部分都是按照这个思路操作的。以阿里巴巴的"中供铁军"来说，随着业务的不断发展，其陆续提出了"百大""陌拜""主管制""Review""区域调动""PK文化"等销售套路。随着这些销售套路的不断总结与实施，"中供铁军"陆续击败了环球资源、美商网等竞争对手，并将阿里巴巴从悬崖边拉了回来，这才有了后续的淘宝、支付宝，从而成就了阿里巴巴。

当然，销售套路也是不停变化的，以梅西百货为例，其销售套路包括

"现款买便宜货""信用卡购物""用了再付款""延迟付款"等,这些销售套路使梅西百货长期处于行业领先地位。

因此,平台企业的经营过程就是总结并打造属于自己的销售套路的过程,当销售套路多了,每个成功经验都会最大化地沉淀为竞争优势,这样平台企业就会自然而然地获得成功。

选择并打败竞争对手

对做业务而言,什么是成功呢?简单来说,就是选择一个竞争对手并打败他。

要想将一项业务做成功,就要先选择一个竞争对手。有了竞争对手,才会有胜败。一旦确定了竞争对手,企业的策略与目标就会具体化;竞争对手的客户、产品、团队、管理方式,都会成为企业模仿的对象;竞争对手所有的策略都会为企业所用,这样会减少企业的探索时间,管理工作也会变得相对简单。

在竞争对手的选择上,有两个途径:向上选择与向下选择。

- 向上选择:行业排名第一、第二的企业,只有这类企业,才能引导企业走向第一或第二。
- 向下选择:销售额是本企业的六成,这种企业一定是本企业的竞争对手。

选择了竞争对手,如何把它打败、怎么算打败呢?

我们先来看与竞争对手的竞争界线。一般来说,处于竞争状态的两家企业,无论言论多么高尚,其内核都是你死我活的竞争。因此,企业在经营过程中不仅要做好自己的事情，而且要常常提防竞争对手，面对竞争对手的任何出招，企业都要保持警惕，并且要及时反应，这样才能有效防止失败。商战是没有界线的，除非对行业产生了威胁，双方才有勾兑的可能。

打败竞争对手的方式包括击溃战与歼灭战。击溃战就是把竞争对手的客户抢过来，但竞争对手在调整策略后，可能还会把客户抢回去，这种来回争夺客户就是击溃战。歼灭战指的是把对方的团队打散，甚至将其员工变成自己的员工，让对方在短期内无法组织有效的反击。

另外，打败竞争对手的方式还包括阵地战与运动战。就产品来说，竞争双方选择的都是同一个消费者群体、同一定位的产品，在这个产品上产生僵持，这就是阵地战；如果选择不同的细分群体，或进行差别定位，就是运动战。如果竞争对手是一家大企业，那么企业死守一个产品或业务，很可能会输得很惨，此时在这个产品业务范围的竞争就是阵地战，移师其他细分市场就是运动战。例如，当年京东对当当的图书业务进行阻击时，当当选择的就是进行阵地战。

在竞争过程中，企业要对选定的竞争对手持有决战的决心，要参考其产品定位，把其团队作为目标，甚至挖走其核心团队，抢夺其市场份额。另外，企业还要考虑竞争对手在业务发展过程中产生的沉没成本、时间成本、人力成本等，并以数倍的薪资去挖人。

在测算商战收益时，企业要对歼灭战的收益进行深度考虑，而不是局限于表面的几个百分点。打歼灭战，最难的是在开始就拿下20%的市场份额，拿下这一部分市场份额，竞争对手可能就会陷于亏损，意志力弱的就会退出，一旦退出，就会让出剩下的市场份额。剩下的市场份额完全能补充企业前期的亏损，企业应充分考虑这点，这样才能使企业更容易地下定战略决心。就像港湾网络的退出带给华为带来了巨大的市场份额，这是一个潜在的巨大收益，不能将其放在计算之外。

大部分企业的大部分业务都处于相互抗衡的竞争阶段。此时，企业获得成功最简单的办法就是选择一个竞争对手并把它打败，直到与竞争对手的差距巨大到没有威胁。

打造核心单品根据地

在经营过程中，企业的一两个单品会带动整个品牌的销售，如康师傅的红烧牛肉面、统一的老坛酸菜牛肉面、茅台的53度飞天、洋河的蓝色经典。消费者对品牌的认识往往是从具体的畅销单品开始的，所以说没有核心单品就没有品牌，这就是核心单品的意义与价值。

对于企业来讲，任何一个核心单品的成功打造，就相当于建立了一个单品根据地，其抗压能力极强，在其他单品的销售出现大幅滑坡时，核心单品能够为企业获得喘息的机会。企业要想获得成功，就必须聚焦于核心单品的打造。

任何企业的资源都是有限的，企业只有把资源聚焦于精心挑选出来的、最有优势的产品，进行重点突破，才能大概率获得成功。打造核心单品的具体办法如下。

（1）核心单品一定是企业最有优势的产品，其优势已获得渠道与消费者的认同，这是核心单品获得成功的口碑前提。

（2）核心单品的运营是不计成本的，企业可通过快速铺货、终端陈列生动化与终端促销三种方法进行运营，这是核心单品获得成功的运营前提。

（3）核心单品的确定是可量化的，如在单品铺货率上达到90%左右并且是每个终端都不可或缺的产品，这是核心单品获得成功的标准。

一旦打造出核心单品，意味着该产品在市场份额上具有绝对优势，至少可达到60%的市场占有率。这种市场占有率将保证企业在消费者心目中具有独特的地位，如冰箱的代表是海尔、空调的代表是格力、油烟机的代表是方太。在市场规模下降时，这种地位将表现出极大的优势，企业的风险抵抗力将大大增加。

核心单品如果能够获得成功，说明企业的策略、方法是正确的，企业的执行也是到位的。通过核心单品，企业可以真正打通与消费者、渠道、品牌商、供应商之间的所有环节，建立起企业对现有经营链条的信心，之后企业就可以依据这个标准复制出更多的优秀单品，优秀单品越多，企业就越成功。

在实践过程中，大部分企业都不重视核心单品的突破，只是把精力投放在扩充单品数量上。扩充单品数量比较简单，只需要找到相近的产品，在现有渠道中对这些产品进行陈列，就容易获得销售的自然增长。然而，这种无竞争优势的单品的销售额再大，由于没有经历过市场的考验，没有真正的消费者价值，其销售额在困难时期就很容易出现大滑坡。

企业一定要经常回顾自己的产品中有没有经过千锤百炼的核心单品，只有这样才能在未来市场恶化时确保企业仍有经营支柱。

渠道为王策略

企业的资源是有限的，为了更好、更快地赢得商战，最理想的办法就是通过调动渠道资源打败竞争对手，这就是渠道为王策略的基本思路。

渠道商的重要作用体现在以下两个方面。

（1）渠道商其中一个作用是提供基本服务，包括资金服务、物流服务，所有品牌企业都会充分发挥渠道商的这两个基本价值。在资金服务方面，当产品转移到渠道商仓库时，品牌企业就已经完成了销售。在物流服务方面，从品牌企业到渠道商的物流通常是整车运输，这也是主干线物流；从渠道商到终端的物流往往是零担，甚至是单件的配送模式，品牌企业往往不能满足此类配送服务，此时渠道商的物流价值就突显出来了。

（2）渠道商的另外一个作用是提供销售服务。是否需要渠道商提供销售服务，需要品牌企业对不同的市场、客户进行分析。乡村市场客户分散，理论上适合渠道商经营；一二线城市终端集中，理论上可以让渠道商提供物流，品牌企业负责销售。

渠道商的名称经常会让人混淆，如经销商、代理商、批发商。从理论上说，经销商强调先付款后拿货，代理商强调授权经营，批发商强调批发市场。但在实际操作中，由于品牌企业的政策是经常调整的，如由代理政策变成了经销政策，但代理商这个名称却由于历史原因被保留下来，因此也可能存在名实不对应的情况。我们在后面将代理商、经销商、批发商都统称为渠道商。

在实际操作过程中，根据品牌企业对渠道商的定位，可以将销售渠道模式分为以下三种。

（1）渠道商提供销售团队，品牌企业只负责提供产品。

（2）品牌企业提供销售团队，渠道商负责资金与物流。

（3）品牌企业与渠道商合作成立销售团队，共同进行市场开拓。

到底采取哪种销售渠道模式，需要品牌企业的经营者根据市场情况进行决策。太超前或太落后，都会造成竞争失败。

如何获得竞争的胜利？我们以第一种渠道模式为例，能否取胜就在于品牌企业是否充分调动了一级渠道商及二级渠道商的积极性。它们是否动员了所有资源？是如何让渠道商倾力而为的呢？一是企业自己要熟悉市场，要有思路，要以身作则，以感染渠道商；二是要比渠道商更懂它的生意；三是要帮助渠道商建立相关制度，帮助其打造优秀团队。

企业一定要找到让渠道商信任你的理由，要让渠道商相信与你合作有赚钱的机会。只有围绕这个原则进行，才能聚集更多的资源，因为渠道商管理最核心的就是算账。

（1）计算直接利益，如产品销售一个月的净利润是多少、投资回报率（净利润/投入资金）是多少。

（2）计算间接利益，即明确品牌企业的产品在渠道商生意中扮演的角色是主角还是配角。如果是配角，品牌企业就要强调渠道商整合资源、塑造影响力、牵制其他竞品、分担风险的作用等。

渠道商是非嫡系组织，有着自己的利益诉求，如何调动这些非嫡系组织，打造非嫡系组织的战斗力，这是渠道管理中真正的挑战。

终端为王策略

终端为王策略是渠道为王策略的下一个阶段，其管理对象从渠道商变为最末端的经营个体，即终端。

终端为王策略是通过加强对终端的管理，以提升销售收入的经营方法。终端为王策略有两种模式，一种是可口可乐101销售模式，一种是娃哈哈终端模式，这两种模式在形式上都关注终端管理，但内在模式完全不同。

可口可乐101销售模式是可口可乐公司自己开发的管理终端的一种方式。可口可乐在一个区域内只选择一个批发商负责物流，由可口可乐公司的业务员负责销售，拿单后由该批发商进行配送即可，该批发商即被定义为101客户。该模式的运作方式如下：在广告的轰炸下，可口可乐公司的业务员按照标准线路一天拜访40家终端，拿到订单，然后由批发商配送。该模式没有了一级批发商和二级批发商的通路概念，只有一个物流合作商，物流商不参与对终端的管理。该模式适用于大中型城市。

娃哈哈终端模式是由批发商与娃哈哈共同管理终端的一种方式，其销售团队由渠道商与终端共同组成，如娃哈哈与批发商各出一人，进行终端铺货、促销的相关操作。在这种模式下，批发商仍是不可或缺的销售力量，娃哈哈的业务员负责卖货给二级批发商。该模式适用于县城、农村市场。

有人说这两种终端运营方式的选择取决于区域条件差异。例如，大城市的物流配送方便，一条街道上有几十个门店，专门配送是没有问题的；而对于农村市场，路途较远，因此顺道车与多品种配送就成了最佳选择。

当然，在传统模式下，社会节奏变化较慢，可口可乐在一二线城市的优势还是很明显的，但随着新兴渠道的快速演变，中小超市、饭店、网吧、工厂等新兴渠道势必会被可口可乐的业务员所忽视，由于没有专门的投入和促销，也没有专门的人员去服务，在这些渠道中，可口可乐已全面落后于竞争对手。

在娃哈哈终端模式中，二级批发商仍是当地市场的运作主体，娃哈哈只负责管理与提供帮助，虽然娃哈哈的业务代表会深入到终端拿单，但这不会改变批发商是运营主体这一本质。因此，批发商的主动性非常强烈，同时还存在做不好便被更换的强大压力，娃哈哈与批发商会寻找一切机会和办法进行终端全覆盖、终端生动化，而且双方相互监督，在这种良性机制的推动下，双方必然能抓住一切机会。

在终端为王的策略中，无论选择哪一种模式，企业都要意识到终端管理意味着巨大的成本：一是终端管理需要投入大量人员；二是为了实现终端陈列与生动化，也需要投入大量成本。

第五节　平台运营

渠道管理的重点

在进行渠道管理之前，企业要先了解企业当前的渠道框架。从种类上来说，渠道包括电商渠道、经销渠道、专卖渠道、商超渠道、特通渠道等。其中，每一种渠道又有着自己的层级，如经销渠道可分为一级批发商、二级批发商、终端和消费者四个层级（见图5-3）。

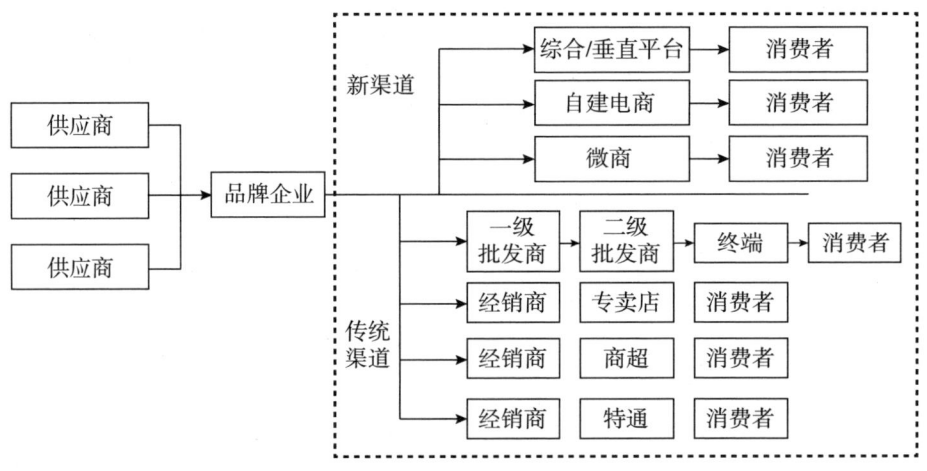

图 5-3　企业的渠道框架

在特定阶段，特定企业的主流渠道一定是确定的。也就是说，企业在某一个时期，一定会有一个主流渠道，其他渠道都是辅助的，渠道方向定错了，企业就很难成功。另外我们也不难想象，一家企业同时把每个渠道都做到极致，这需要极大的资源投入，而且谁也无法平衡这些渠道间的冲突。因此，渠道建设一定要有主方向，虽然这个方向是可变的。

下面我们从渠道变化的客观性、特定渠道的结构变革、渠道变革时机、渠道结算模式、渠道趋势进行更进一步的讨论。

1. 渠道变化的客观性

随着经济水平的提升，各个渠道也在快速变化，我们先来看看我国市场渠道变革中的两个典型代表。

（1）方太渠道变化案例：方太每次进行渠道变革，都抓住了市场渠道变化的脉搏，这奠定了方太在厨电行业中的地位。

① 1996—2000 年，方太主要走大批发、百货商场渠道。

② 2001—2005 年，家电连锁店成为方太的主要渠道。

③ 2006—2011 年，专卖店、工程项目成为方太的主要渠道。

④ 2011 年后，电商成为方太的主要渠道。

（2）娃哈哈豫北渠道案例：从 2000 年到 2014 年，娃哈哈豫北渠道变革非常频繁，其销售额从 2000 年的几千万元，发展到 2014 年的 30 亿元。

① 1987—1990 年，娃哈哈与国营糖酒批发公司合作。

② 1990—1996 年，娃哈哈开始与农贸市场及个体户合作。

③ 1998—2009 年，娃哈哈淡出农贸市场，开始打造联销体。

④ 2000 年，娃哈哈有 1 家一级批发商。

⑤ 2001 年，娃哈哈有 1 家一级批发商和 1 家超市批发商。

⑥ 2004 年，娃哈哈有 3 家流通渠道、1 家超市批发商和 60 家二级批发商。二级批发商的主要作用是在固定区域加价销售及负责售后。

⑦ 2005 年，娃哈哈有 4 家一级批发商和 80 家二级批发商。

⑧ 2006 年，娃哈哈针对 4 家一级批发商重新划分区域，进行渠道专营，对二级批发商进行特约改造，改造后约剩 40 家二级批发商，此时娃哈哈才算真正地控制了渠道。

⑨ 2009—2013 年，娃哈哈开始打造二套网络。

⑩ 2014 年，娃哈哈有 11 家特约一级批发商、20 家特约二级批发商。

由方太与娃哈哈的案例可以看出，企业渠道一定要跟上市场主流渠道的变化，而且要顺势而为，最好要站在渠道变革的潮头，这样才能成为优秀企业。因此，企业家应在渠道的探索中发挥积极作用，即使看不清方向，也要大胆试，否则错过渠道红利期，后果会极为严重，轻则沦落为第二梯队，重则被淘汰。

2. 特定渠道的结构变革

2014 年，娃哈哈营销渠道从"总部—各省区分公司—特约一级批发商—二级批发商—三级批发商—零售终端"变革为"总部—各省区分公司—特约一级批发商—特约二级批发商—三级批发商—零售终端"。

在这个结构变革中，有两个关键点。

一是关于二级批发商、三级批发商的定位。在新结构中，二级批发商是用来辐射一级批发商做不到的区域的，借助二级批发商的作用实现产品正常流转，其主要功能是严格执行加价规定，在自己的封闭区域内进行销售并做好售后服务；三级批发商定位于物流补充功能，不作为企业的重点发展对象，而且该层级未来是会被淘汰的。

二是在于一级批发商、二级批发商的数量估算。我们假设一级批发商覆盖所有二级批发商，二级批发商覆盖所有的终端，那么我们就可以根据目前市场终端的数量导出二级批发商的数量，进而推算出一级批发商的数量，这也是渠道的量化管理。

3. 渠道变革时机

渠道变革有两个时机：一是出现新渠道，此时所有企业家都必须动起来，这是战略性投入；二是当渠道不能支撑销售增长时，甚至是经销商赚钱越来越多，产生了惰性时，企业家应进行渠道变革。

当然，渠道的变革既要确保旧渠道的稳定性，又要确保新渠道的销售增长，协调不好这两点就会导致销售大幅下滑。以娃哈哈的二套网络建设为例，为不刺激旧渠道，娃哈哈通过从原渠道网络中拿出一两个走量产品，再配上新的产品，将乡镇的二级批发商发展成特约二级批发商，在特级二级批发商的努力下，利益平衡被打破，娃哈哈的业务获得了快速发展。

4. 渠道结算模式

渠道结算模式是很多人百思不得其解的地方，特别是优秀企业的结算模式，如先打款后拿货。这种模式令很多人羡慕之极，但这是运作多年的结果。以娃哈哈一级批发商的结算为例，一级批发商每年会给娃哈哈打一笔保证金，然后再付款拿货，这个渠道结算模式经过了五个阶段。

第一阶段：一级批发商与娃哈哈签订销售合约，娃哈哈提供产品，一级批发商卖出货后再付货款。

第二阶段：到货后先给一半货款，卖完后再给另一半。

第三阶段：到货后付清全部货款。

第四阶段：预付一半货款，到货后付另一半。

第五阶段：先付一定比例的保证金（不低于银行利息的返利），再预付全部货款。

何时借机发起渠道结算模式的变革,这是渠道运作人员必须要考虑的事情。

5. 渠道趋势

渠道的趋势是扁平化,扁平化指的是渠道商层级越来越少。以前大部分企业的渠道分为省级经销商、地市级经销商、县级经销商、乡镇级经销商和零售终端五个层级,而现在很多企业去掉了省级经销商、地市级经销商和乡镇级经销商,直接管理县级经销商,并通过县级经销商直接覆盖零售终端,变成了两个层级,这就叫渠道扁平化。渠道扁平化是由物流水平决定的。当然,渠道扁平化的管理难度会大得多。

终端管理的重点

终端管理为什么有效?有研究表明,30%的消费者是计划性消费,70%的消费者是冲动性消费。如果企业能在终端营造出冲动性消费的场景,那么企业的销售就一定会增长。

终端管理的重点在于产品的陈列及生动化布置,其中产品的陈列分为端架陈列、零瓶陈列、堆箱陈列等,同时在什么时候用什么陈列类型也是有规律的。在大部分品牌都在加强终端管理时,终端陈列权就成了终端明码标价的产品,每种陈列的价格是不一样的。考虑到企业的成本投入,为了提高投入产出比,企业需要根据终端的类型、销售盈利情况购买合适的陈列位置。

娃哈哈的陈列位置购买原则及要求如表5-1所示。

表 5-1 陈列类型及相关要求

终端类型	陈列类型	要求
小超市、社区便利店	端架陈列	8 个排面,或大于竞争对手
报刊亭、冰糕摊	零瓶陈列	—
批发门店、杂货批发店	堆箱陈列	堆出气势,单品箱 10 箱~15 箱
公交站门口、公园门口	零瓶陈列和端架陈列	—
健身房、电影院、KTV、网吧、商务会所	买断陈列	至少买 4 层
商场	地堆陈列	买断面积至少 1.5 平方米,底层高 75cm~80cm

陈列的目标是凸显自己的产品,使自己的产品在众多产品中脱颖而出。如果陈列场景做得好,对于销售额的推动是直接有效的。其对应关系如表 5-2 所示。

表 5-2 终端陈列与销量的对比

陈列生动化程度	销售量	增加百分比
正常无特殊陈列	100	—
特价无特殊陈列	200	100%
广告无特殊陈列	260	160%
一般性特殊陈列	650	550%
好的位置陈列	900	800%
大型特殊陈列	1 230	1 130%

好的陈列场景也是管理出来的。在日常工作中,企业通常会设置终端业务员,并要求他们统一着装,为其统一配发订单本、文件夹、斜挎包、收据条、美工刀,规定他们按照路线图进行终端陈列的拜访、谈判、实施与检查。其步骤为"选择位置—陈列费谈判—规范建档—确定陈列类型—陈列—

有效维护"。另外，业务员还应 3~5 天进行一次终端回访，这种经常性的终端回访会大大提升销售业绩。终端陈列考核情况如表 5-3 所示。

表 5-3 终端陈列考核表

店名	地址	电话	活动产品	陈列类型	时间	兑奖方式	责任人
××商店	×××	××	220ml 爽歪歪	零瓶陈列	11月1日~11月30日	500ml 冰红茶 15 瓶	张×

终端管理的重点除陈列之外，还有生动化布置。生动布置是指在店内打广告，即在地堆、收银台、电梯扶手、存包柜、吊牌、超市入口、户外巨幅广告牌、价格贴、海报板（KT 板）、易拉宝等地方进行广告宣传，通过现场布置形成一定的气势。以广告张贴为例，一定要连排贴，一排贴十张，这样才能贴出来气势。

无论是终端陈列还是生动化布置，都要求终端之间达成统一，统一陈列、统一形象，这样产品陈列及生动化布置的效果才更好，从而帮助企业实现销售目标。

价格体系设计与管理

很少有文章会介绍价格管理，但价格管理却决定了企业的生死。提高 1% 的价格，可以使大部分企业的净利润增长 12%，而销量上涨 1%，利润仅会增长 4%，由此可见价格管理的重要性。

从理论上讲，定价的方法有两种：一种是成本定价法，这种方法以成本为基准，加以毛利，正推批发及零售价格，这是以前美国企业经常选择的定价方法；另一种是市场定价法，即根据市场价格倒推出产品的制造成本，这是以前日本企业经常采用的办法。如今，企业通常会把成本定价法与市场定价法融合在一起使用，既考虑成本，也考虑市场价格，既有主动因素，也有被动因素。

　　对于品牌产品的价格，还应考虑品牌档次因素。对于消费者来说，价格就意味着档次，什么样的价格，就参与什么档次的竞争。例如，白酒产品有五个价格带：第一个是零售价在 5~10 元的低端价格带；第二个是以各地区域市场品牌为代表，零售价在 15~50 元的中低端价格带；第三个是以区域强势品牌为代表，零售价在 60~150 元的中高端价格带；第四个是以泸州老窖、洋河为代表，零售价在 200~500 元的次高端价格带；第五个是以茅台为代表，零售价在 500 元以上的高端价格带。企业产品要参与哪个档次的竞争，就要定哪个档次的价格。

　　在了解了影响定价的因素后，企业便可以进行价格体系设计，确定产品的出厂价格、一级渠道价格、二级渠道价格、终端零售价格等。只有保障了各级渠道的利益，产品才能在渠道中顺利流通。

　　价格体系是阶梯型的。在娃哈哈 C 驱动价格体系中，以 530ml×12/ 箱规格的产品为例，经销商的利润空间为 3~5 元 / 箱（先交保证金，再预付全部货款），一级批发商的利润为 0.5 元 / 箱左右，二级批发商的利润为 2 元 / 箱左右，零售终端的利润为 13 元 / 箱左右。其表象是越末端价差越大，但实际上是越末端销量越少，不得已而为之。所以说，价格体系的设计在本质上是设计链条中每层客户的利益分配，这决定了客户经营产品的获利能力，以及与同类产品相比是否具备优势。

　　一个好的价格体系，是能说服更多渠道商增加投入的。例如，某企业测算出 2 000 件产品 5 天能完成铺货，每件利润为 2 元，如果本钱为 5 万元，那么 5 天能赚 4 000 元，其二级批发商经计算后，铺货动力很足，并且很快吸引了其他客户加入，在很短的时间内新增了 36 个客户。

好的价格体系也需要好的执行力，而好的执行力体现为控制终端价格，因为终端价格是市场价格的风向标，也是市场价格的定海神针，因此企业一定要控制好终端价格。以娃哈哈的营养快线为例，如果提供给终端的价格是 45.5 元，给批发商的价格就是 43.5 元，如果我们提供给终端的价格是 46 元，给经销商的价格就是 44 元等。

如果大部分终端的价格稳定，就能保障整个价格体系的安全性。当然，企业还需要及时排除隐患，因为经常会有本地商家扰乱价格体系，如果经销商或终端不按规定价格进行销售，就要暂停其一个月的销售权，并对其进行罚款。企业要敢于对此类情况进行处罚，要看清处罚对销售的不利影响，以及不处罚的严重后果。

对于某些终端销售不佳的产品，为防止对价格体系造成干扰，企业要杜绝终端进行低价甩货，企业应真正负起责任来，该调拨的调拨，该促销的促销，不能让经销商与终端自行解决这些问题。因为经销商与终端的能力问题，其解决方案通常是降价抛售，这会给企业的价格体系带来巨大的伤害。

我们再来看窜货问题。窜货问题本质上是由区域定价差异导致的，即企业为了争夺某个特定市场进行价格让利，但该价格却被某些人转到成熟市场进行销售而导致的。这一行为不仅扰乱了成熟市场的价格体系，也打击了成熟市场经销商及业务人员的积极性，同时也妨碍了企业市场战略的实现。对于这一问题，企业一定要保持警惕。

经销商与终端通常希望企业给产品高定价，但却不知任何高定价都是一步一步培育出来的。企业通常会先给产品定一个极低的亲民价格，吸引大量的首批客户及消费者，获得他们的认同，然后在以后的几年中通过新品提价等方式逐步运作提价。

促销方案设计的逻辑

促销的主要目的就是销售产品，通过在渠道上提供额外价值或奖励，以促进销售的提升，其核心在于促使消费者产生购买冲动。所有不直接促进产品销售的促销方案都不是好方案。

促销从形式上可以分为两类：日常促销与项目促销。日常促销包括陈列生动化促销、业代促销。项目促销是指成立专门的拓展团队进行路演的一种促销形式。

2012年3月至6月，娃哈哈豫北拓展团队为推广锌爽歪歪这个新产品，共组织促销活动3 296场，累计销售锌爽歪歪8万箱，影响人数在500万人以上。这些促销活动的主要形式有以下四种。

（1）以"吃饭香大行动"为主题组织活动，如爱锌健康体检、爱锌大赠饮、亲子趣味运动会等，在活动现场进行销售。

（2）联合媒体进行公益活动，如"关爱孩子健康成长，锌爽歪歪爱锌大行动"。

（3）在节假日（如母亲节、劳动节、儿童节等）组织各种有特色的活动。

（4）组织大篷车路演活动，如唱歌比赛、掰手腕比赛、互动演出等。

这些促销活动都是娃哈哈经过长时间摸索出来的，执行起来简单，促销效果好，但这些促销活动并不一定适合所有企业。

那么企业该如何设计一个有效的促销活动呢？促销的界定有四个维度，即促销的渠道重点是什么、奖品是什么、什么时间做促销、条件是什么。

从渠道的角度来说，促销分为经销商促销、终端促销和消费者促销。经销商促销是指面向经销商进行的让利促销活动，其主要目的是提升销售量，或最大限度地占据经销商的库房及资金。终端促销是指对终端零售点进行政策让利的促销活动，其主要目的是打造终端掌控力。消费者促销主要是指面向最终消费者的让利促销活动，即通过产品购买环节对消费者让利，激发消费者的购买冲动。

从奖品的角度来说，促销分为折价促销、返利促销、赠品促销和奖励促销。折价促销一般是直接降低价格，如以8折、5折的价格进行结算。返利促销是活动结束后按照某个比例进行返点。赠品促销则是在促销产品的同时搭送各类赠品、滞销品、同类品。奖励促销则包括积分、优惠券等方式。通常情况下，渠道偏重于折价促销与返利促销，消费者则偏重于赠品促销及奖励促销。

从时间的角度来说，促销包括每天都有的促销、特定日促销、季节性促销。每天都有的促销主要是指促销人员在终端进行的日常促销活动。特定日促销则是指在国庆节、春节、元旦等节假日进行的促销活动。季节性促销是指根据淡旺季、开学季、冬季等进行的促销活动。从整体上看，渠道偏重于淡旺季促销，消费者偏重于特定日促销。

从促销条件的角度来说，促销分为限量促销、超量促销和特殊促销。限量促销是指灵活运用供求杠杆，给消费者制造紧俏心理的促销活动，如限定前100名消费者购买或限购100套。超量促销是指消费者在达到一定条件后可享受一定优惠的促销活动，如购买100套以上有折扣等。特殊促销是指根据特定的区域、客户、产品进行的促销活动。渠道偏重于超量促销，消费者偏重于限量促销。

当然，除了上述促销活动，还有新品促销、滞销品促销等促销活动。新品促销主要是为了打开新产品的销路，加速新产品的推广。滞销品促销则是为了回笼资金。

同时，就促销方式的发展来看，面对消费者的促销方式越来越多，企业对其也越来越重视，特别是在天猫、京东等平台上，促销已经成为一种常态（积分、会员、满减、推广日等），不会做促销，在电商渠道中就很难有立足之地。

总之，促销面对的是精准人群，其度量与转化率是非常高的。玩转促销，企业就会以极小的费用获得较大的收益。

销售的年度运营

在每个年度开始前，企业都要根据外部环境、资源情况，对下一年度的销售情况进行规划，平台企业更是如此。平台企业的每个小组织都要制定下一年度的战略目标，并为实现该目标进行组织的重组与优化，对新产品进行选择与定位，对市场渠道进行梳理，同时还要为获取订单进行广告及促销策划，然后在此基础上制定整个年度的销售目标及其实施计划。

在制定销售目标时，通常有两个办法。第一种是基于自然增长率。例如，去年销售额为100万元，今年预计销售额为120万元，那么自然增长率为20%。这是传统企业的目标制定办法，这种办法是粗放的，也是基于旧有商业模式的。另一种办法是基于市场份额，如确定市场有多大、企业应该占有多少市场份额，不管企业现在占有多少市场份额，这个市场份额目标都应是企业的最终目标。这种销售目标制定办法会产生很多商业创新，我们倾向于此种办法。

再来看组织的重组与优化，也就是柳传志所说的搭班子带队伍。设定了年度销售目标，还需要有认同该目标的团队，因为目标的实现需要团队来支撑，没有团队，再好的目标都是空中楼阁。因此，企业需要搭建或培养一个有士气、有信心、有方法的团队,这是实现销售目标最直接的保障。

企业必须通过产品去实现年度销售目标,因此企业必须要解决好产品问题。产品是商业交易的媒介,也是建立交易优势的唯一支点,拥有能够满足客户需求、具有相对优势的产品,是企业最终能否取胜的决定性力量。产品不合适,或许可以让少数人购买,但无论如何都不会规模化。

在很多企业中,销售负责人不在产品方面发力,而是在客户关系方面发力,或者在广告等辅助工具方面发力,这无疑是错误的。产品的相对优势包括质量、价格、服务、供应链、品牌、物流、信用等方面,这些都是广义产品的内容。只要企业愿意,就一定能打造出客户认同的产品价值观。

对于市场渠道的梳理,销售负责人一定要在年度开始前对产品的市场与渠道做一次回顾,这种回顾是为了解决市场容量或通路瓶颈问题。销售负责人知道了自己的产品在哪个渠道受欢迎,就可以利用该渠道进行销售,知道什么是渠道的发展趋势,就要乘势发力,这样才能真正做好销售业务;否则,没有通畅的渠道是不可能做出业绩的。

渠道梳理的另一个内容是梳理大客户。同样是1亿元的销售额,是有10个大客户加一堆小客户良性,还是全是小客户良性,答案当然是第一种。每个大客户都是一家成功的企业,它们有很多资源,与这些成功的企业合作,它们就会帮助我们进行商业推广,这样我们获得成功的概率也会大得多。因此,重点梳理大客户也是进行年度销售规划的一项重要内容。

广告与促销是销售的两个助推器,有了助力,企业的销售目标就更容易实现。做好年度销售规划之后,企业要在年度之初申请到一定比例的广告与促销费用,并准备好相关资源。对于广告与促销,企业也要有一个基本的投入计划,没有计划是很难达到预期效果的。因此,企业在年度之初就要确定资源量及资源使用的方向与节点。

有了销售目标和相关资源，企业还要进行销售节奏规划。企业的资源和精力是有限的，企业应匹配好所有的资源，并确定销售的关键节点，只有这样企业的销售业务才会有可观的增量。

销售日常运营

在完成年度销售规划工作之后，企业应针对年度销售规划进行运营。

销售运营的首要因素是团队，而团队又可以分为日常运营团队和项目运营团队。日常运营团队是以服务为主的，项目运营团队是以增量为主的，因此在销售运营过程中，项目运营团队比日常运营团队相对重要。

日常运营团队最重要的工作是业务拜访。每家优秀的企业都有自己的业务拜访步骤，娃哈合总结的是 8 个步骤，即做好准备工作、检查户外广告、向客户打招呼、做产品生动化陈列、检查售点库存、建议客户订货、确认订货和感谢客户，其顺序是不能乱的。这些步骤是娃哈哈无数优秀业务人员经过多年总结才整理出来的最佳套路，执行这个步骤，就能保持任何一个业务人员都有一定的专业度。

我们再来看项目运营，以娃哈哈为例。在项目运营过程中，娃哈哈先是打造了项目运营团队，因为项目运营团队是业务增长的保障，娃哈哈销售项目运营团队设立了总指挥，下辖 6 个中队，18 个小组。其中，一个小组 4~5 人，由渠道业务人员担任小组长，负责 3~4 名终端业务人员。

娃哈哈新产品推广项目的运营过程如下：2 月到 3 月统一终端铺货，4 月到 5 月进行产品生动化陈列，6 月到 9 月进行拓展活动。其中，终端铺货最为基础，一级、二级批发商拿到货物后就开始快速铺货。对一个新业务人员来说，首次铺货是有困难的，此时终端业务人员要利用路线图，这个路线图既是业务人员的工作节奏指导，也是业务人员的工作指引。对于铺货，娃哈哈也进行了量化管理，如要求在两周内使产品见货率保持在 50% 以上，或者一个月之后使产品见货率保持在 70% 以上。另外，娃哈哈还针对终端的铺货情况提出了奖励政策，具体如表 5-4 所示。

表 5-4 娃哈哈的奖励政策

产品	开票价（元）	量大奖励
200ml 爽歪歪	38	8 箱爽歪歪 +2 箱乳酸菌，合计 10 箱，送红水 10 瓶（价值 10 元）
200ml 锌爽歪歪	44	
100ml 乳酸菌	40	

在完成新产品铺货之后，还要加强产品生动化陈列，要讲究统一形象、统一用语，这主要体现在终端陈列与终端生动化上。

伴随终端生动化的完成，还要开展消费者促销活动，即在促销团队的组织下，在消费者聚集地、人流量大的地方，开展形式多样的促销活动，并根据两个指标对促销活动进行考核（一个是影响人群的数量，另一个是售卖数量），以确保促销效果。

各家企业的销售运营方式都是不同的，企业要根据实际情况不停地进行总结，这样得出的销售运营方式才是有效的。

第六章 抢占心智：打造强势品牌

非品牌产品业务只有产品流,其强调的是物权的转移。

品牌产品业务往往是先有信息流,再有产品流。品牌管理就是研究如何将产品信息发送给消费者,并使消费者认同的过程。

品牌运营就是对信息流的运营,即将用心设计的信息经过有意传播,使消费者接受。

产品流是有形的,信息流是无形的。品牌运营的重点是无形的信息。掌握有形的产品容易,掌握无形的信息难,对无形的信息的表达更是很难做到完整、精确、鲜明,这正是品牌运营的困难之处。

品牌可以分为企业品牌与产品品牌,如宝洁是企业品牌,海飞丝是产品品牌。在本书中所讲的品牌,如无特殊声明,一般指产品品牌。

第一节　品牌管理

品牌的起源与意义

"品牌"一词来源于古斯堪的那维亚语"Brandr",是指放羊者在羊耳朵上打上自己的烙印,以区别于其他放牧者的羊。因此,品牌最初的含义,特指把自己的产品与其他产品区分开来。

一旦产品形成了品牌,消费者就会把该产品与其他产品区别开来,比如明确该产品在制造商、原材料、生产技术、工艺路线、产品质量、销售商、售后服务等方面与其他产品是有差异的，而且这些差异在短时间内是确定的、可以信任的。

企业打造一个品牌，就是为这个品牌赋予差异承诺，使渠道商、最终消费者都明白这个差异承诺，而且该差异承诺是有保证的、可信的，一旦大家信任这些差异承诺，该产品就是一个品牌产品了。

从理论上讲，任何产品都可以建立品牌，只要消费者把你的产品与其他同类产品区别开来，该产品就可以成为品牌产品。但是，为不同的产品建立品牌的难度是不同的。

我们通常认为有些产品天生是没有品牌的，如石膏板。在大部分人的印象中，石膏板这种产品应该只有工艺技术上的差异，但是北新建材的石膏板被打造成了"龙牌"知名品牌产品，其成功地让渠道商与最终消费者都认为"龙牌"石膏板的质量是有差异承诺的。

有些产品本身就带有品牌倾向，如纸尿裤。在市场知名品牌的指引下，消费者认为纸尿裤天生就应该是一个品牌产品，各个品牌应该是有差异的，消费者在购买时，往往会大概率购买自己所知晓的品牌，对于自己不知晓的品牌，都会归到非品牌类。此时，即使厂家进行了品牌标识也是无用的，其经营效果也是无法保障的。

在确保产品质量的前提下，企业能否建立品牌产品，取决于企业能不能让渠道商与最终消费者相信产品的差异承诺。当渠道商与消费者能够把你的产品与其他产品区别开来，并且愿意为这种差异承诺付费时，该产品的品牌就建立了。

当然，企业有企业的品牌，产品有产品的品牌，两者可以一致，也可以不一致。在实际操作中，大部分企业倾向于将产品品牌与企业品牌区别开来。例如，宝洁有六种洗发水产品品牌，包括海飞丝、潘婷、伊卡璐、玉兰油、飘柔和沙宣，不同产品品牌针对不同的目标人群，这是典型的一品多牌。这种模式使宝洁有效地占领了各个细分市场，同时该经营策略也被大多数国内企业所偏爱。

但这一策略并不是最优策略。根据传播学理论，任何一种信息得到广泛传播，所需资源的投入都是海量的，为每个产品都设计独立品牌，意味着每个品牌都需要独立运营，需要为每个产品投放足够多的信息接触频次，才能让消费者记住，这种花费不是所有企业都能够承担的，因此一品多牌的策略并一定是一个好的选择。

企业较为合理的策略是建立统一品牌，通过不同的系列来拓展产品的丰富度。从信息流统一经营上讲，这无疑是最优策略。

研发创新是品牌基础

企业对品牌的追求是发自内心的。

品牌具有高溢价、抗风险的优势，品牌产品会给企业加上一道保险，因此各企业都在千方百计地打造自己的品牌。

咨询公司说品牌是策划出来的；设计公司说品牌是用钱"砸"出来的；传媒公司说品牌是宣传出来的。任何一家企业在开展品牌建设工作时，都会投入大量成本用于咨询和广告投放，然而到头来，成功的企业却没有几家。

上述品牌打造方法都没有错，只是各角色的角度不同而已，或许每个方法在某个特定阶段都起到了一定的作用，但从长期来看，品牌的核心只有一个，那就是研发，只有研发才是打造品牌的决定性因素。企业必须聚焦于研发，通过研发打造出消费者认同的产品差异、产品价值，这才是真正的品牌建立之道。

大部分品牌都是从低价起步的，然后慢慢通过产品改版升级实现品牌的成长。这种成长能从品牌的溢价中完美地体现出来。以华为 Mate 系列手机为例，2014 年华为 Mate 系列手机的平均价格为 2 688 元，后来因为机型换代涨到 2 888 元，2016 年 Mate 9 的发布价格为 3 399 元，2018 年 Mate 系列手机的平均价格为 3 899 元，这四个价格台阶累计达到了 1 211 元的涨幅。这就是一个品牌的成长路径，一开始就想成为高档品牌，对绝大多数企业来说都是不现实的，即使如华为这般拥有众多技术储备的企业也不可能。

2018 年，华为的专利申请数高达 5 405 项，华为以 14 605 项专利总数成为我国第一、世界第七的专利拥有者，当前华为的科研人员多达 8 万名，其一年的科研经费超过千亿元，这才是华为 Mate 品牌打造成功的真正原因。

我们再来看品牌成长对华为的意义。2014 年，我国中低端手机的总销售数量是 2.26 亿台，2018 年是 4.1 亿台，虽然该市场仍是一个增量市场，但在小米、vivo、OPPO 等品牌的竞争下，该市场已成为红海市场，虽然各企业的手机销量都很高，但利润一直上不去，这导致企业发展后劲不足。然而，华为在技术研发的支撑下及时转型高端机，摆脱了在中低端市场中的缠斗，其在总营收、增速及手机均价等方面，都远远甩开了竞争对手。

根据零售转轮理论可知，产品销售价格长期以来存在着一个周期性的发展规律，每个业态总是从低成本起步，接着向高毛利、高价格、高成本发展，然后再回到低成本状态，重新开始循环。因此，一个品牌应以合适的价格起步，吸引大量客户，并通过研发慢慢切换到高档产品，然后再去建立品牌溢价。研发对品牌的打造具有决定性作用，通过产品版本升级，既可以支撑品牌的逐步涨价，也可以提升品牌打造成功的可能性。

但是在当下，企业在品牌打造过程中普遍存在急功近利思想，即眼红品牌产品的高溢价，却不愿意一步一个脚印地进行研发，只想走广告推广的短平快捷径。究其原因，既有媒体的故意，也有各相关机构的误导。

品牌策划与设计

品牌形象是品牌策划师根据产品定位设计出来的，是一个具有丰富人格的完整形象。

品牌形象虽然依附于产品传播，但其首先开端于品牌策划师的意识，品牌策划师根据对产品的理解、对人性的把握，策划出品牌定位，有了品牌定位，企业才能形象化地通过各种素材（文案、包装、海报、广告等）对其进行包装并传播开来。

美国学者玛格丽特·马克和卡罗·比尔森认为，有生命力的长寿品牌一定是具有人格原型的，他们把品牌人格分为4类12种。

独立类人格：纯真者、探险家和智者。

掌控类人格：英雄、颠覆者和魔术师。

从属类人格：平常人、情侣和娱乐者。

稳定类人格：关怀者、创造者和领导者。

品牌策划师应根据自己的体验，给产品定位合理的品牌人格。例如，麦当劳是纯真者人格，到了麦当劳大家会觉得放松，像个小孩子；很多护理品牌，或者是跟卫生健康相关的品牌都是关怀者的形象。

品牌有了人格定位，品牌策划师就要通过视觉定位、文案定位和行为定位三个维度构建对品牌人格形象的支撑（见图6-1）。

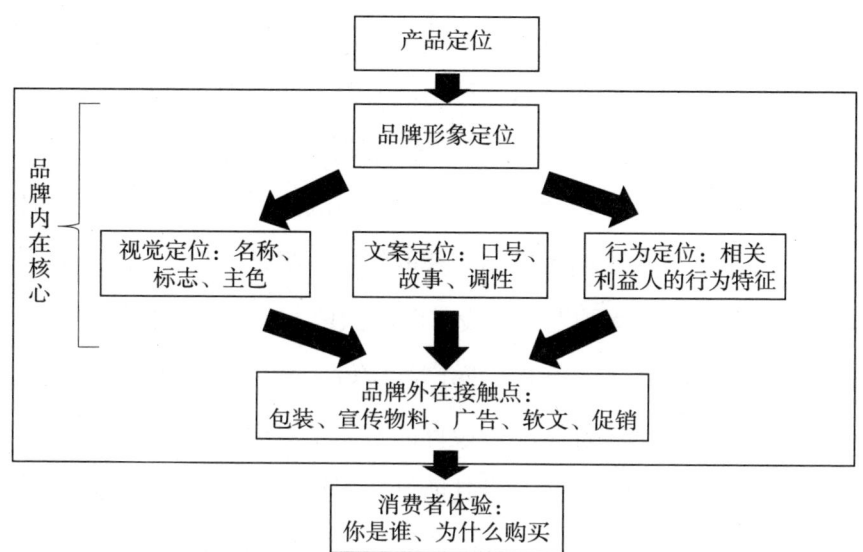

图 6-1　确定品牌内在核心

视觉定位主要包括品牌的名称、标志、主色；文案定位主要包括品牌的口号、故事、调性；行为定位主要包括相关利益人的行为特征，这七个方面都必须符合产品定位，不能有歧义。所以说，品牌策划师在提出品牌的人格定位后，应组织相关人员对上述七个方面进行反复讨论并慎重确认，这样才能塑造出代表该产品的统一人格形象。

不同的消费者有着不同的视觉、听觉、文字、体验偏好，品牌策划师要让每一位消费者都能通过自己的偏好记住企业的产品。具体来说，就是让消费者仅通过品牌的名称、标志、主色、口号等就知道企业的品牌，如一提到对勾这个标志就知道是耐克；一看到红色的饮料饼就知道是可口可乐；一听到"一切皆有可能"的口号就知道是李宁等。另外，用逆向思考的办法来判断七个方面的内容是否合适，是保障品牌传播效果的一个有效方法。

品牌策划师策划了一个完整的品牌形象后，品牌设计师应在此基础上设计各个接触点的宣传推广物料，如包装、宣传物料、广告、软文、促销活动等。在设计时，品牌设计师只需要对上述七个方面的内容进行组合，这样就能保证每个接触点的内容是一致的、效果是协同的。

一个好的品牌设计师，会让消费者在第一次接触产品时就瞬间记住产品差异，同时让消费者每次接触产品所获取的信息都是一致的，从而提升消费者对产品的信任度，最大限度地激发其购买欲望。

进行品牌设计是为了更好地传递产品定位、产品卖点及购买理由。从这一方面讲，品牌设计师要理解品牌设计的本质是对沟通方式进行设计，即选择消费者可以接受的沟通方式，投其所好，不打令消费者讨厌的广告，否则品牌宣传投入再大，从商业上来讲也是一个效率极低的投资。

很多品牌设计师以为品牌设计要的是美感和创意，不重视如何让消费者记住产品、购买产品，这是品牌设计师在设计品牌时一个最大的误区。如果不是为了传播品牌信息，不是为了卖产品，那么品牌存在的意义何在呢？

总之，一个品牌的形象有三个维度、七个方面的内容表述，在打造品牌的过程中，使这七个方面的内容统一口径、保持协同是一项非常困难的工作，需要品牌设计师从宏观的角度进行策划，否则难免会出现混乱，企业要尽量避免这一情况的发生。

品牌的命名

每个品牌都有一个名称，品牌名称是产品的代号，这个代号既代表了产品本身及产品的延伸价值，也代表了产品所属企业对消费者的承诺等。有了品牌名称，消费者就再也不用记录庞杂的产品信息，只需要看品牌名称就可以了，因此品牌名称是一系列信息集合的代称。

与人名一样，品牌名称通常会给消费者好的联想或坏的联想，如可口可乐原中文名是"蝌蚪啃蜡"，该名称会让人们在心目中联想到蝌蚪和蜡烛，从而使其很难喝得下去。

品牌命名是一项经济活动，从投资的角度来看，品牌命名要实现传播成本最小化。越是简单的词汇，越是套话、俗话、口语化，其记忆成本、传达成本、理解成本越低，这是最优的选择。在具体执行上，有以下四个原则。

第一，将品牌名称与品类属性相联系，即让品牌名称与品类属性产生心智联想，如从"海飞丝"联想到洗发水。

第二，品牌名称最好能表达出产品本身的定位和卖点，要有场景感，同时直接指向产品的核心诉求，如"额尔古纳篝火宾馆"要比"白桦宾馆"好。

第三，品牌名称的传播成本越低越好，而最简单的语言往往是最直指人心的，如"六颗星"要比"英德利"更简单易记且容易传播。

第四，品牌名称应关注韵角，如押头韵的"**Black Berry**"（黑莓）、重复和押韵的"**Toys for Tots**"，这些名称更上口且容易传播。

在当今社会，商业经济已足够发达，具有典型意义的名称大部分都已经被注册，能够产生行业联想的简单词语大部分都已经无法注册。在这种情况下，企业在创业之初就要进行词语创造，利用当地喜闻乐见的事物，以及常见词根进行替换或叠加创造新词，以满足注册要求，同时一定程度的创新还能避免品牌名称不能合法注册的风险。

品牌在诞生之初，无论是否注册，都享受《中华人民共和国反不正当竞争法》的保护，只是保护的力度要弱一些。如果要加强对品牌的保护力度，企业需要把品牌依附于产品类型之上，进行商标注册，申请在这个品类中的专有使用权，一旦经过国家知识产权局的批准，就会得到更高程度的保护。

但需要注意的是，品牌注册是有费用与周期性的，保护日期是从申请之日算起的，企业必须掌握这些知识点，从而更从容地进行品牌管理。

包装的学问

包装是产品极为重要的一部分，甚至有时卖产品就是卖包装。

小米在手机界的崛起，也有着其对包装十分重视的原因。当时，小米的设计团队历时6个月，经过30多个版本的修改，以及上百次的打样，最终才有了令人称道的小米包装盒。

评价包装设计有两个指标：一是消费者进到店铺就会被该包装所吸引；二是在没有任何人推销的情况下，消费者看到这个包装就会被该包装所打动，进而产生购买欲望。优秀的包装设计师应该围绕这两个指标进行包装设计。

在进行包装设计时，包装设计师要先把货架当广告位，按照陈列原则进行设计，同时还要考虑终端环境与竞品的影响。例如，进行货架陈列时要有货架思维，将整个货架当成一个广告墙；进行电商陈列时要有电商思维，确保不逐一清点也能看清楚；进行堆头陈列时，则需要确保包装的四周都醒目等。只有考虑到陈列的设计才是优秀的设计。

另外，包装设计师还要考虑什么样的包装才能吸睛，什么样的包装布局才能突出产品的特征及卖点，从而推动消费者购买。

优秀的包装设计，就是产品即使没有打广告、客户没有听说过，只要产品上架，其包装也能与消费者产生互动，并把自己销售出去。这种包装通常有以下特点。

（1）陈列第一：着重考虑包装陈列效果，这是包装设计中的第一关注点，包装设计师应事先调研产品陈列地点与竞品的包装，从而实现这一目标。

（2）包装信息来源的确定：包装信息来源于品牌策划师对产品的定位，如名称、卖点、口号、主色、标志、调性等。

（3）包装布局重点突出：正面要类似于海报，突出产品的卖点、主色、形象，侧面要多一些文字介绍，如产品的详细说明。

（4）包装规格要匹配消费场景：如王老吉的单罐装用于零售，6连包塑料装用于家庭消费，12罐箱装用于送礼消费。

（5）包装要尽量杜绝艺术化：艺术化是所有设计师的梦想，但就商业的角度来说却是灾难，因此要尽量杜绝。

如果我们在产品包装上做足了文章，就能实现广告传播的效果，把产品有效地推销给消费者，从而收到意想不到的销售效果。

品牌打造关键点

很多企业一直希望进行品牌突围，但实施下来，结果总是差强人意。要想提高品牌打造的成功率，就应该在以下几个方面进行努力。

（1）建立品牌产品的质量。品牌产品不仅包括产品本身，还包括产品延伸的各种相关服务。因此，品牌产品的质量既包括产品本身的质量，还包括相关服务的质量。

在建立品牌时，很多企业对质量的理解是有偏差的，它们认为品牌需要绝对的好质量，只要将产品的工艺、包装、使用效果、相关服务都做到最好，品牌自然就有了，于是将所有精力都投入到产品质量的把控中。但实际上，企业往往在产品质量方面做了很多努力，最后仍未实现品牌的打造。其实,品牌产品的质量关注的是稳定的质量,强调的是与消费者的需求相符合,而不是最优质量。例如,微软公司开发的 MS-DOS 并不是当时最好的磁盘操作系统,但却成就了微软,这一案例常被用来说明追求绝对质量不见得是最佳选择。

另外,在产品本身质量无法建立相对优势的情况下,企业可以通过建立相关服务的质量优势来获得消费者对品牌质量的认同。例如,当年海尔就是通过承诺海尔冰箱的保修服务,获得了相对于其他产品的明显优势,从而帮助海尔在品牌建设方面获得了成功。

(2)建立品牌定位。特劳特及里斯于 1969 年提出了定位理论,该理论指出品牌就是占据消费者心智中该品类的排名,如果产品在消费者心智中该品类的排名中未进入前三名,则应积极抢占前三名;如果前三名已经无法撼动,则不应去考虑替代,而是应另辟蹊径,开创一个新品类,从而占据这个新品类的第一名。

对于新品类的建立,有的创新幅度大,有的创新幅度小。创新幅度大则会形成一个全新的子品类,如统一老坛酸菜牛肉面带来了酸菜子品类方便面;创新幅度小则可以归之于卖点创新,如白象方便面的面筋道。创造一个新子品类是困难的,但卖点创新却是易于实现的,企业在进行产品创新时应确保先有卖点创新,然后再追求更高境界的子品类创新。

如果企业选择了卖点创新,就一定要对这个卖点进行强化支撑。例如,白象方便面在开发面筋道时,就对面筋道这个卖点进行物理支撑,投放了更多的资源,如用更好的面粉原料、工艺控制更严格、质量检查更仔细,在这些举措下,白象坐实、放大了面筋道这个产品的卖点,从而获得了消费者的认同。

(3)策划品牌产品的宣传口号。一个成功的宣传口号会自带流量,这抵得上巨额投资。例如，王老吉凉茶的口号"怕上火，喝王老吉"，为王老吉突破180亿元销售额立下了汗马功劳。王老吉第一个口号是"天地正气·王老吉"，第二个口号是"吉庆时分，当然是王老吉"，而且基于这两个广告语的电视广告，都选用了对镜头要求极高的著名导演，但这些并未使王老吉取得巨大成功。王老吉的第三个口号是"健康家庭，永远相伴"，第四个口号才是最终的"怕上火，喝王老吉"，这一口号在2003年开发出来之后，王老吉的发展就完全不同了。在2004年的江西市场，王老吉梳理了怕上火的18种场景，提出了终端铺货要求、五类终端生动化的规则及市场活动模板，使其江西市场的销售额相比2003年增长了700%，随后王老吉以"以江西市场范本指导全国市场建设"的战略方针取得了巨大成功。所以说，经典口号的开发要有耐心，不要幻想一蹴而就，火候到了自然能一鸣惊人。

（4）慎重看待媒体传播。在传统的品牌建立观念中，企业倾向于依靠电视、广播、报纸、杂志等媒体向消费者传达产品信息，它们认为只要打了广告就能建立品牌。这在特定的年代是有效的，如在1995年，不少企业采用了"明星+口号+中央5套"的模式建立了一系列的品牌，如361°、特步等。

当然，也不是所有产品都能通过打广告建立品牌。2002年4月，健力宝豪掷1.38亿元，在万众瞩目中夺得世界杯的独家广告播出权。接着，健力宝又斥资3 100万元，在央视黄金广告时段隆重推出新型饮料"第5季"，"现在流行第5季"的广告语到处可见，但这并未成就该产品。

相关数据显示，广告营销的投入占营销总投入的比例从过去的60%，降到了现在的30%，这也说明了商家对广告营销的态度。

建立一个品牌是困难的，走错一步就有可能一事无成，因此我们说打造品牌产品是一个系统性大工程，这也是品牌难以打造的原因，但正因为难以打造，所以品牌产品才有了超额利润，并使企业家趋之若鹜。

第二节　媒体管理

建立企业级融媒体

大品牌就是大媒体。了解和利用社会传播体系，搭建可被企业使用和控制的传播媒体，是企业品牌建设的第一要点。

如今，社会传播有两种类型：传统垂直传播、自媒体横向传播。传统垂直传播是指通过传统的电视、广播、报纸、杂志、门户网站等由上至下地单向传送信息的模式。该模式兴起于福特工业化时代，其特点是可控性较强。自媒体横向传播是指利用社交网络的横向式信息传播模式。自媒体横向传播是一种新的信息传播模式，将影响未来的社会发展方向。如今，大部分企业已经抛弃了传统垂直传播模式，开始把自媒体横向传播模式作为主流，把垂传统直传播模式作为辅助手段。

在历史上，大商业都是在大媒体的推动下产生的，大媒体也是在大商业的控制下运行的。在横向传播模式下，大媒体将被无数的企业级融媒体替代，这些融媒体与企业之间将产生新的商业关系，它们将更加灵活、更加紧密，甚至未来会是相伴而生的。有远见的企业应该开始自建融媒体，并通过自建的企业级融媒体实现企业品牌的信息传播。

要构建企业级融媒体，就要先了解社会媒体的现状，具体现状包括以下两个部分。

一是传统媒体，其传播方式包括媒体传播、户外传播、门店传播等。媒体传播的主体主要包括电视（中央台、省台、地县级台）、广播（交通广播)、报纸、杂志等。随着新媒体的兴起，传统媒体将日益没落，其受众会快速减少，很多人已不看电视，报纸也已经没有了过去的影响力。户外传播的主体主要指的是户外广告牌，包括电梯广告，机场、火车站、汽车站的广告牌，路牌，车身广告牌等，目前这些工具也受到了手机的影响，影响力在下降。门店传播的主体主要指的是门头、海报、陈列、堆头、标签等。门店传播与前两种传播方式的不同在于，前两种传播方式主要用于建立品牌形象，门店传播主要用于引导消费行为。

二是线上媒体，包括门户类媒体、社交类媒体、搜索引擎类媒体及电商类媒体等。门户类媒体包括新浪、网易，以及一些垂直类网站，这类媒体把传统媒体搬到了网上，与传统媒体类似。社交类媒体主要包括微博、微信、今日头条、抖音、快手等。搜索引擎类媒体包括百度等搜索引擎；电商类媒体包括天猫、京东等，其传播目的是影响待购买人群的即时判断，主要的传播方式有直通车、关键词搜索等。

如何利用线下及线上传播技术去搭建自己的融媒体呢？要构建出可控制、可使用的融媒体，企业应注意一点，即融媒体是依附于渠道媒体、线下媒体、线上媒体构建的。

在企业级融媒体中，渠道媒体是不可或缺的，任何品牌的首要工作都是打造渠道媒体，而打造渠道媒体的主要路径就是卖点广告（Point of Purchase，POP）。在过去，线下媒体是构建品牌的主体，但现在由于消费者的时间被线上媒体抢占，留给线下媒体的时间已经所剩无几，因此大部分品牌企业已经把构建品牌的重点转移到了线上。由此可以看出，企业级融媒体的建立原则如下：以渠道媒体为基础，以线上媒体为主体，以线下媒体为辅。

渠道媒体与线下媒体的使用和控制都相对简单，与这些媒体责任人建立良好关系就能控制,或者付费就能使用。按照之前的惯例,把市场预算的 **90%** 投放在这些媒体渠道关系上,在内容上投入 **10%**,就能较好地使用与控制这些媒体。

线上媒体则截然不同,进入社交媒体时代后,媒体不再是以大主编为中心,而是以内容算法为主,或者以自媒体自行控制的信息互动模式为主。对线上媒体的管理与使用应是个性化的,复杂度大大增加。此时,企业必须深入了解每个平台的运作模式及运作规则,这样才能更好地使用它们。

(1)微博的核心是粉丝经济,其传播方式讲究"热搜位+热门话题推荐位+公众人物广告位"等。在微博中,企业媒体的信息传播方式以流量购买为主,以自运营为辅。

(2)微信是一款社交软件,是拥有9亿日活跃用户的超级信息分发平台,其传播方式讲究内容第一与社群分享。在微信中,企业媒体要以自运营为主,以流量购买为辅。

(3)百度是搜索引擎类网站,是人们查找信息时的首选,能够反馈用户的准确需求,其传播方式讲究关键字搜索或优化自己的网页。在百度中,企业媒体要以流量购买为主,以自运营为辅。

(4)头条、抖音是内容分享平台,主要通过用户画像、物品画像等推荐算法模型给用户分发内容。在这些平台中,企业媒体要以自运营为主,以流量购买为辅。

(5)门户类网站类似于传统媒体,其信息是由主编分发的。在门户类网站中,企业媒体要以流量购买为主。

程序化购买就是在平台上通过拍卖等方式,根据大数据向线上媒体购买广告的行为。对此,企业媒体要以流量购买为主。

以上线上媒体通路都可以自行建立,同时也可以直接购买流量。企业应该自建线上媒体，还是购买流程呢？如果完全购买，那么一个用户的获得可能需要上千元的费用，这是大部分企业都承受不起的。对于企业来说，理想的模式是购买冷启动的流量，在自己的融媒体上运营放大出免费流量。

在社交媒体出现之前，构建商业媒体的成本只有少数企业可以负担。但在社交平台兴起后，任何企业都可以在平台上方便地、小成本地，甚至免费地自建媒体，构建媒体的成本大幅下降，同时其必要性也日益突出：融媒体可以运营放大产品流量；融媒体也是特殊时刻的发声渠道，在外部渠道无法使用时，融媒体是一个澄清事实、解释问题的窗口；融媒体可以构建忠实消费者社群，让企业的忠实消费者获得更准确、更快的消息，使其沉淀为企业的利益共同体。

自建融媒体对企业意义重大，任何有理想的企业都应加以重视。融媒体主要包括自建的门户网站、自建的App、自建的电商网站、在各线上平台自建的公众号或服务号、在电商平台上自建的店铺等。对于自己搭建的融媒体，企业是可以进行量化管理的。在传统工业社会，企业掌握着1家电视台、5份报纸和2本杂志的信息传播权，这些就是企业的媒体。在社交媒体时代，企业需要更加严格地量化管理媒体矩阵，通过量化管理控制好企业融媒体的运营、协调。

至此，企业的融媒体就基本上搭建完成了，企业在对融媒体进行量化管理后，就可以通过融媒体传递企业的品牌信息了。

融媒体内容创作及运营

在建立了融媒体后，企业就要进行融媒体的内容创作和运营。

融媒体的内容是由企业营销人员围绕企业的营销目标创建的，主要包括：消费者愿意看到的内容，如本时期相关热点、热门关键词、消费者认同的知识等；产品使用场景，与场景相关联往往能够戳中消费者的痛点，变产品为必需品；品牌信息，如产品功能卖点、产品质量、产品价值、品牌差异、品牌形象等。

同时，企业营销人员在创作内容时要关注以下三点：一是保持内容调性的一致性，符合该品牌软文或广告的一贯特征；二是要符合平台规则，如在微信中不能涉及传销内容等；三是要满足落地转换要求，融媒体不关注转换效果，只关注曝光率是极大的浪费，因此要加强转换效果的量化考核。

创建内容是简单的，任何人都可以，难度在于创建具有传播效果、转换效果的内容。传播效果与转换效果是客观的、可量化的、可衡量的，在融媒体时代，内容制作的重要性大大加强，从市场预算分配上就能看出来：现在内容的预算分配比例为90%、渠道为10%，这与之前内容为10%、渠道为90%的比例刚好相反。

从形式上看，融媒体的内容包括以下三个部分。

（1）内容展示项。该部分的目标是让消费者有意愿打开内容，主要包括标题、附图。一般来说，三段式标题会比较吸引人，如"父亲节到了，自媒体的赚钱经也来了，了解自媒体的真正玩法"。附图的规则是：三张图的点开效果大于一张图，更大于无图的效果。

（2）内容消费项。该部分的目标是根据用户特征，把企业想传播的信息加在正文中，并激发用户的相关情绪，如惊喜、幸福、恐惧、厌恶等。在一般情况下，融媒体的内容不建议选择悲伤、愤怒的基调。

在内容的选择上，企业营销人员为了增强内容的丰富度与传播效率，通常会把国家要事、行业要事、热点话题与内容结合起来，以提升传播效率。对于这三点，企业营销人员的选择顺序应该是国家要事大于行业要事，行业要事大于热点话题,同时还要把握其时效性,热点话题一般超过24小时就会过期。

在内容对象上,企业营销人员最好选择弱势对象进行观察与组稿,如关于小女孩的信息传播性远大于中年男人;如果一定要选择强势对象,则一定要展现其担当、与弱者的连接,或者小缺陷,这样才能激发用户的好感,提高商业转化率。

(3)内容的效果。融媒体的内容将直接推动消费者的传播愿意或者产生购买意愿。企业融媒体的本质是获得流量,因此每个内容都必须植入硬广进行效果转换,并在显眼的位置增加企业的电话、二维码、微信、百度搜索词等,以实现转换目的。

完成了内容创作,我们再来看内容的传播。传播内容的目的是获得流量。在日常工作之外,企业经常会面临项目型的营销推广活动,并需要在短时间内实现信息刷屏,这时通常会面临两个问题:一是内容如何冷启动,二是如何把控内容传播的长尾效应。在一般情况下,长尾效应是企业运营的目标,但基本不可控。

冷启动是项目推广最为艰难的一步。各个媒体都有自己的特点,需要企业根据不同的媒体策划冷启动方案。以微信社交平台为例,内容冷启动的主要目的是打破社交圈层,通过自媒体、社群群主、意见领袖、公众号进行宣传,然后通过一定方法保持热度,实现刷屏的长尾连锁效应。冷起动的效果取决于读者的情绪,这往往不是企业所能决定的。

冷启动发布的效果是不可控的,如果企业追求可控,则可以采用裂变方式,完成用户数量的增加。裂变方式主要是通过以旧用户带新用户的方式来实现的,具体包括App中的拉新人、红包、IP、储值、个体福利、团购裂变;微信中的分销、众筹、卡卷、礼品卡裂变;当然也包括线下包装、红包、产品本身的裂变。裂变方式由于是精准营销，因此是企业获取用户时成本最可控的方式。

企业必须对融媒体内容的传播效果进行量化考核：一方面，企业可以借助平台的点数、排名等进行考核；另一方面，企业也可通过页面浏览次数、网站访问次数、视频被打开次数、百度指数、微信指数、微博指数、头条指数等进行考核。企业甚至可以围绕线上媒体、自建App、电商平台，从用户需求到用户下单的全数据链，打造传播量化管理系统，以对媒体数据、网站数据、订单数据进行收集、监控，实现精准管理。这样企业不但可以完成对曝光率的评估，还能完成对用户数、增量数、订单数等指标的评估。我们相信，未来传播量化管理系统将是企业经营的一款标配软件。

当然，企业在经营融媒体时，也要深刻理解融媒体的特点。相比之下，线下媒体是可控的，只要企业与线下媒体建立了良好的关系，就可以按企业要求屏蔽相关信息，而融媒体的非中心化造成了其内容与传播是不可控的。在一般情况下，只要保障70%的正面信息传播，就是一次好的传播。同时，内容反转是经常发生的，无争议不传播，只要企业学会处理负面信息的正确方式，掌握转换、转移、稀释、拆解技术，并且能及时应对，就可以大胆地操作企业融媒体。

融媒体传播案例

慕思曾在2016年进行了一次以推广防螨床垫为目的的融媒体传播，为所有企业提供了一个标杆化的模板。

1. 融媒体的临时构建

在营销机构"博选优采"的推荐下,慕思选择了健康、电影、娱乐、乐活类及一些地方大号的 16 个微信公众号、11 个微博账号进行集中传播。

在通路的选择上,慕思非常慎重,除了内部数据,慕思还参考了外部相关报告、数据等,并通过十余次的调整选定,分析了这些账号是否值得选择。例如,选择"崔玉涛家庭育儿",就是因为其属于育儿健康类账号,定位准确,关注度高,符合除螨意识的传播,内容匹配度高。

2. 内容的设计

在内容的设计上,慕思打破传统观念,用游戏来激发读者的参与感和购买欲。其内容设计主要有两个素材:视频及 H5 小游戏。慕思借用了《疯狂动物城》和《魔兽世界》两部电影的元素,把恐慌性放大,以螨虫为动画主角,用自白的方式表达了螨虫的危害。

对于除螨 H5 小游戏,慕思规定游戏得分最高者可以免费获得一张原价上万元的慕思除螨床垫,并且规定每多 1 万人玩游戏,这款床垫就会降价 1 000 元。这相当于把定价权交给用户,让他们也有了发挥的空间,从而刺激更多人参与其中。

3. 内容的运营

在 2016 年 6 月 15 日到 17 日三天时间内,各个自媒体根据自身定位,针对慕思的推广活动分别推送了各具特色的文案。例如,"崔玉涛家庭育儿"的推文"宝宝出现咳嗽、过敏等,不要忽视环境中的螨虫与毒菌",由于该推文的内容非常契合该账号的日常定位,即便是一则广告,也收获了诸多好评。再例如,"上海全知道"的推文"你家最值的物件是什么?(内附物品'时薪'计算器)"，以"时薪"的概念做文章，从价格、使用时间、幸福度入手引导读者计算"身边性价比最高的物品是什么"，最后引出除螨床垫。该推文不仅概念新颖，还提供了实际而有效的参考。

就运营效果看，截至 2016 年 6 月 20 日，所有自媒体共有 130 万的阅读量，有 4 个微信公众号的阅读量超过 10 万，其中有 2 个微信公众号的阅读量更是达到了 20 万。由于本次项目投放的多是不同垂直领域的优质账号，因此带动了其他类似账号的转发，形成了滚动式二次传播，达到了良好的推广效果。

在本次活动中，慕思集中火力投放新媒体矩阵，在最短的时间内取得了不错的战果，销售了近万张除螨床垫。

第七章

中台战略：打造信息化中台

平台企业由注重企业边界的封闭式经营，过渡到整合资源的开放式经营。产业互联网将是平台企业的终极形态。

平台企业的资源来源于外部，这就给平台企业的运营提出了更高的要求，平台企业需要把外部资源管理成内部资源，实现多层次、多个外部资源的无缝连接，让客户无法感觉到服务质量的变化。要想实现这一目标，企业就要打造信息化中台。

信息化中台有多种形式，如人力中台、财务中台、供应链中台、销售中台、服务中台等。我们相信，未来信息化中台将替代福特工业化模式的企业资源计划（ERP）系统，成为企业业务运营的中枢。

第一节　信息化的企业

SAP 的没落与信息中台

作为企业管理解决方案软件，SAP 曾经是企业信息化的巅峰。2010 年，在我做 SAP 实施咨询时，客户一直问我一个问题：为什么选择 SAP？我给出了一堆理由：世界 500 强企业基本都在用 SAP、行业龙头都在用 SAP、SAP 是最先进的管理工具、只有 SAP 才能支撑起业务的最佳实践、SAP 是上市公司市盈率的保证等。

这些理由始终没有得到客户的认同，之后我也试图找出 SAP 的伟大之处，甚至把信息化划分为四种层次：一是单据级，SAP 实现了业务单据的增删改查；二是业务流程级，SAP 实现了业务流程集成，即通过对数据的控制，实现了全业务的全景、唯一、标准、准确、流动控制；三是组织运营级，SAP 实现了组织间的业务循环，可以支持几十家企业共同完成一项业务，这就是集团的运营架构；四是管理级，SAP 通过经营范围、控制范围、利润中心、成本中心等，实现了企业内控的科学化与可视化。

SAP 是工业化逻辑的产物，虽然其整体架构及设计逻辑在理论上是完美的，但由于企业在本质上是一个混沌生命体，越苛求全面就越是呈指数级复杂。因此，SAP 目前的复杂度已经大大超出了企业可掌控的范围，面临巨大的实施困境，而且实施成功率也越来越低，这些都被客户所诟病。

与此同时，企业对信息化的要求越来越高，很多信息化系统已经在尝试突破企业边界，与消费者连接，如直接服务消费者的各类 App；与企业的上下游连接，如连接供应商、经销商的供应链管理（SCM）系统；与社会设施连接，如银行的银企互联等。另外，由于企业边界外的消费者、上下游、社会设施的信息化程度不一，以及企业掌控力弱等因素，企业外部信息化方案一直得不到较好的落地。但随着手机 App 的兴起，以及基础设施的大规模建设，企业的信息化将进入一个完全不同的时代，变革的时代到来了。

未来企业信息化应用的方向有三个组成部分：第一部分，无数碎片化的、场景化的前台业务应用，如零售、采购、招聘、报销；第二部分，业务中台，如零售中台、人力中台、财务中台；第三部分，后台应用，如被分解后剩下的内部信息化系统。其中，第一部分是各种小程序、App、物联网的应用；第三部分是原来旧系统的应用，只是缩小化了；最为核心的是第二部分的中台应用，这部分应用是平台信息化的重点。

目前，支撑这一应用架构的硬件在向云端转型，大部分都使用了基础设施即服务（Infrastucture as a Service，IaaS）技术。在这种情况下，虽然消费者不能管理或控制任何云计算基础设施，但能控制操作系统的选择、存储空间、部署的应用，也有可能获得有限制的网络组件（如路由器、防火墙、负载均衡器等）的控制，如阿里云等。

可以想象，未来企业的信息化与传统信息化将截然不同，信息化的建设与运营都不会再进行简单的外包，这已经成为企业最核心的运营内容。

场景是未来信息化的基础

场景是指企业中具有管理意义的现场；场景力则是指管理者勾画现场关键细节的画面性能力；现场是指事情发生的场所，包括环境、资源、人员、技术等；关键细节是指操作中的重点、控制点；画面性是指自己的代入感。

下面从前台系统、中台系统、后台系统来的角度介绍场景的重要性。

未来的前台系统是碎片化的，包括零售前台系统、采购前台系统、招聘前台系统、报销前台系统、产品物联网系统等。以零售前台系统的结账业务为例，要想建立一个优秀的零售前台系统，就要对零售结账场景进行一一梳理，包括正常场景、有赠品场景、有折扣场景、有积分场景等。有了这些场景，零售前台系统就能完美地支持结账业务。

有了门店的零售前台系统，就会有 App 的零售前台系统，还会有网店的零售前台系统，这些零售前台系统都有自己的结账场景，如果没有中台，每个零售前台系统都要做一整套的结账模块，工作量大，而且有可能出错。因此，最优的办法就是把所每个零售前台系统的结账的共性问题抽取出来，统一到结账中台，由结账中台提供公共接口，以供各前台系统调用。结账中台的优点是各个前台系统的开发工作量小，一致性强，维护方便。但没有场景，结账中台是抽取不出来的。

后台系统的典型示意如下：某个岗位的员工接收了谁的信息，用什么工具、按照什么要求及步骤展开了工作，又把这个工作结果交给了下游的谁。一旦我们想象出了这种后台场景，我们对工具、步骤的设计，对关键点的把控就会很到位，后台的工作系统开发也就有了依据，打造出的系统才是能用、易用的系统。

人工智能的应用实施也是基于场景的，一旦有了场景，人工智能工程师就能实现业务的智能化处理。例如，我们给出了行人闯红灯的十几种场景，当行人闯红灯时，人工智能就能判断出行人后面是否有救护车、是否真正违反了交规。

大部分管理理论都是正确的，但只有将理论结合到实际业务场景，才知道该理论能不能落地。例如，华为的 IPD 研发模型非常先进，是管理 8 万名研发人员的工具，但如果企业的研发团队只有 5 个人，那么这个模型还适用吗？洋河 1 000 元的蓝色经典与 10 元的洋河大曲，是否要采用同一种供应链场景？只有到了场景层面，方案才是落地的，才能摆脱概念层面，同时基于场景开发的系统才是可落地的。

在未来的企业信息化中，中台系统将越来越重要，前台系统将越来越多样化、碎片化，后台系统将越来越"小而美"。因此，企业未来的信息化方向就是对应用场景的梳理，企业只有充分重视产品场景、业务场景、工作场景，并将它们勾画出来，才能实现企业信息化的新未来，并打造出新的核心竞争力。

第二节　未来的信息化中台

碎片化数据是趋势

前台系统的多样化与碎片化，意味着碎片化数据时代即将到来。

在碎片化数据时代来临之前，企业资源计划（ERP）系统是企业信息化的主流管理工具，该系统追求确定性、准确性及逻辑关系。世界两大知名ERP系统——SAP系统、Oracle系统，都是围绕确定业务进行逻辑清晰的准确数据管理，这是传统系统运行的前提条件，也是这些系统的主要特点。

一方面，随着物联网的发展，数据采集技术得到了突飞猛进的发展；另一方面，随着5G基础设施的建设与应用，数据传输瓶颈将被打破。任何企业只要愿意，就可以收集任何场景下的海量数据，这些数据不但能够被自动采集，同时还能传输回企业，形成企业大数据。企业大数据与之前ERP系统中的数据有着本质不同，因此也产生了数据管理的革命。

在企业大数据的采集、传输、存储中，大数据的传输与企业关系不大，直接购买服务即可；大数据的采集与存储则取决于各企业，先行者会获得行业的先发优势。

大数据的采集主要是通过物联网进行的，企业在对相关场景进行设置后，应在物联网设备中增加微型化、碎片化的数据采集点，并设置自动发回功能，这样就实现了外部应用场景的数据采集。目前，采用量最大的物联网数据采集设备就是手机，消费者只要在手机上安装了企业的App，企业就能实现特定场景的数据采集。

现在发展最为迅猛的是在产品中植入物联网芯片，植入芯片之后，物品与物品之间就能进行信息交换和通信。例如，共享单车就是物联网的一个简单的应用创新，在自行车车锁中加入芯片，就实现了车辆信息、人车互动信息的数据采集。

企业可为产品植入物联网芯片，进行产品使用场景数据的收集；为消费者的手机提供 App，收集消费者的相关信息。一旦收集到这两类信息，并对这两类信息进行有效的管理和运用，就能极大地推动企业的产品研发、品牌打造工作，从而成为企业最大的进步源泉。

相信在企业未来的数据管理中，准确、逻辑性强的系统数据的重要性将日益下降，相关性、全面性、模糊性的碎片化大数据的作用将日益突出，并将极大地改变企业的运营方式。

基于画像的大数据管理

企业实施大数据战略后，每天都会有海量数据源源不断地被传回，那么企业的数据中心中是如何存储这些碎片化数据，又是如何使用的呢？

这些基于场景的大数据的量级极大，同时又有一些灰度。企业对这些数据的管理和应用一般分为四个步骤：定义数据应用场景、设计数据模型、清洗导入数据、编程应用。其中，设计数据模型、清洗导入数据、编程应用都属于技术范畴，优秀的数据建模工程师都能很好地完成。对企业来讲，最核心的是定义数据应用场景。

定义数据应用场景就是对用户和产品进行画像。用户画像分为微观画像和宏观画像。微观画像是对单个用户的画像，企业通过关键 ID 即可查询人口属性、用户属性、内容偏好等信息。宏观画像是对特定用户群的画像，包括品牌相关人群、竞品相关人群等，通过这两类用户画像，企业营销人员就可以准确定位每款产品的潜在用户，包括其收入、偏好、学历等各方面特征，从而进行精准的用户细分和市场营销；另一方面，也可以清楚地了解每款产品的用户关注点，以完成个性化推荐、自动化营销等。

产品画像包括设计画像、供应链画像、运维画像。设计画像解决了产品需求问题，有了设计画像，企业内部研发人员就不用揣度消费者的需求与偏好，而是可以把直接了解用户的消费习惯和购物偏好作为产品研发的输入，通过用户需求指导研发过程，真正实现消费者和研发者之间的零距离。供应链画像包括原材料、产品制造过程、订单、运输、成品销量预测等的供应画像。运维画像是指产品升级和售后工作的画像。

运用好用户画像与产品画像，企业运营就会发生革命性变化：企业可以根据用户画像定义市场推广的范围，确保市场投入的有效性；根据产品画像进行产品迭代，确保用户对产品的满意度；追溯生产过程，使消费者对产品产生亲近感；加强运维服务，提高售后服务水平。随着这些改进的实施，产品就不再仅仅是产品，而是演变成了对用户某种需求的服务，实现了从产品到服务的历史性变革。

在企业实现产品服务化转型后，大数据将成为企业最重要的资产，要比设备、技术、品牌、资金更为重要，成为衡量企业实力的重要指标。

业务可视化管理

在企业管理领域中有这样一种观点：大多数人比较相信自己看到的东西，越是可视化的东西，其可靠性、执行力越强。

在丰田管理模式中，丰田就是通过质量看板、生产看板、库存看板等十多种可视化管理工具来限制、提醒或激发员工的，丰田将手工条件下的可视化管理发展到了一个极致，这给丰田带来了巨大的管理效益。但由于手工条件下的可视化管理涉及大量的、琐碎的、单调又重复的工作，同时由于文化差异，因此丰田管理模式在其他国家的企业的推行中都遇到了一定的阻力。

信息技术的发展为化解这一阻力提供了前所未有的可能性，信息技术强大的运算能力、传递实时性、跨地域特点，使原先需要大量人力的工作能够被信息系统轻而易举地完成，从而使可视化管理变得不再困难。

可视化管理有三个方向：一是基于流程的可视化管理，即上述节点串起来的可视化；二是基于流程节点的可视化管理，如用户节点、工序节点、产品使用节点；三是基于业务组织的可视化管理，以展现每个经营体的可控性。

（1）基于流程的可视化管理在生活中已经非常常见，如京东的物流可视化管理。在京东下单之后，消费者能通过手机跟踪订单的执行过程，其中不但有详细的时间和地点信息，还有具体对接人的电话，这让消费者能及时掌控自己的订单。物流工作可以实现可视化，其他工作也可以，只是这会涉及成本问题和投资回报问题。

（2）基于流程节点的可视化管理。还是以京东物流为例，消费者可以通过订单发现自己购买的商品正在××分拣中心，而对于××分拣中心的可视化，就是基于流程节点的可视化管理。有了这类节点数据的可视化分析，企业就能根据数据的相关性分析，得到节点的优化及决策建议，找到管理方向。这是未来大数据管理的一个必然发展方向。

（3）基于业务组织的可视化管理则是将组织经营模型化，为每类组织梳理人力资源模型、资金模型、客户模型、供应链周期模型、库存模型及盈利模型。随着这些模型的建立，任何一项业务的运营就有了结构、有了骨架，不但能可视化地展现出来，还能保证相关收益、控制相关风险，未来关于组织结构的复制也变得简单。

企业进行可视化管理，就是把企业经营的细节与整体结果动态、直观地展现给消费者，以提升消费者的满意度；展现给基层员工，以提升基层员工的工作效率，降低其差错率；展现给管理者，帮助管理者建立掌控感。

后台信息系统的定制

后台信息系统越来越"小而美"，这与SAP时代追求"大和全"是相反的。

基于后台信息系统的特点，原来统一的标准化软件已不能满足企业的竞争需要，众多前瞻性企业已开始对后台信息系统进行定制化打造，以打造自己的领先优势。其中，红领集团打造的后台信息系统是较成功的案例。消费者可以在红领的手机App上自行定制服装，这些定制需求将统一传输到红领的后台数据库中，形成数字模型，并由计算机完成打版，随后分解成一道道独立工序，通过控制面板及时下达给流水线上的工人。

红领的后台信息系统是红领集团自己开发的，并整合了CAD、APS、WMS和SCM等第三方软件。该后台信息系统有两个功能体现了其核心竞争力。

一是知识数据库。知识数据库是红领打造后台信息系统的基础，包括版型数据库、工艺数据库和物料清单。这些数据库目前已形成数万种设计元素、数亿种设计组合，能满足各种体型的服装定制，包括驼背、凸肚等特殊体型，是销售端和制造端的"翻译器"。

二是与现实业务的匹配度。通过在实际应用中的不断积累及工艺参数优化，红领提升了后台信息系统与现实业务的匹配度，最终实现了用户体验和效率的领先。

要想打造出有竞争力的后台信息系统，首先要确定其核心价值，即确定该系统的目标，想明白该系统要解决什么样的问题、提供什么样的价值。如今，大部分企业都有自己的后台信息系统，因此能不能有一个好的价值定位，决定了企业是否能够获取相关资源及支持。

确定一个系统的价值，不应该仅从企业自身出发，也不应该局限于行业经验，而是应该从各行各业的先进企业，从AI、大数据、云计算等技术的发展趋势的角度出发，获得价值定位方面的启发。只有进行这种定位，企业的后台信息系统才会在几年内不落伍，才能支撑企业战略的实现。

其次是搭建蓝图。企业信息化失败或运行不顺利，大部分是在蓝图环节上出现了问题。蓝图有两类：一是组织蓝图，有了全面、灵活、可变的组织蓝图，业务就有了主体，管理与运行就会顺畅；二是业务蓝图，一般指业务流程，如有多少种业务、每种业务的具体要求是什么、各种业务之间的共性与差异在哪里。明确了这些，信息就具有了可用性。

再次是搭建技术架构。技术架构包括两个控制点。一是将需求框架转变为技术架构，这是很考验架构师的能力的，优秀的架构师设计的框架极为简单，软件Bug少；差的架构师设计的框架的功能虽然勉强实现，但出错率极高，会在技术层面上影响项目的实施。二是界面架构，主要包括主界面架构、功能架构、工作平台、信息页、主要操作说明等，这些架构将决定系统的友好性与易用性。

最后是对痛点的把握。一个优秀的后台信息系统会解决无数个运营痛点，把之前运营过程中经常出错的点、效率低下的点、能增值的点、提升服务水平的点全部找出来，并进行一对一的解决。这是获得用户认同最重要的环节。

有了目标、蓝图和架构，再解决痛点，后台信息系统的构建就有了路线图，再利用原型开发法做出模型，随后进行优化、修正、快速迭代，如此一来，定制项目的成功就会成为一种必然。

企业的 AI 未来

如果工作可以被场景化，那么它一定会被人工智能（AI）化。

如果企业可以承受 AI 的价格，那么企业的 AI 时代一定会很快到来。

根据过去几十年信息化在企业中应用推广的经验，信息化一定会先在特定瓶颈岗位中应用。企业信息化就是从物料需求计划（MRP）开始的，并逐渐过渡到制造环节（即生产车间的 MRP Ⅱ 制造资源计划），最终覆盖全企业（即 ERP 计划），这是一个由点到面的发展过程。相信 AI 在企业中的应用也必然是从特定岗位开始的。

或许会计是一个很快会被替代的岗位。以纸质发票的辨识场景为例，百度提供了一个自学习的 AI 组件，通过科学训练，目前机器对发票的识别准确度已经达到 99%，剩下的 1% 再由人工进行特殊处理即可，因此很多企业已经由 AI 组件替代纸质发票录入了。

随着针对特定工作的 AI 组件的逐渐应用，企业会有越来越多的业务需求出现，IT 公司也会推出越来越多的 AI 组件，而随着越来越多的 AI 组件得到推广应用，企业的 AI 时代就要来到了。

再以计划岗位为例，企业可以将计划岗位的工作划分为很多场景，每个场景都会有针对性训练，直至 AI 的准确率达到 95%，剩下的 5%，AI 会把问题上交，只处理自己能够处理的部分，这就是未来 AI 的应用场景。

可以想象，未来在企业中，大部分岗位都会被 AI 组件所替代，企业的运营就是 AI 的运营，工作对接也会变成岗位智能机器人之间的对接，由预测机器人、计划机器人、采购机器人、原料仓库机器人、制造机器人、成品仓库机器人、销售机器人组成的流程，能够实现企业的自动运营。

但我们也要意识到，企业实现人工智能是一个长期的过程。我们可以参照自动驾驶系统的发展过程来体会企业 AI 的发展速度。自动驾驶系统从 L0 到 L5 分为 6 级：L0—由人类全权驾驶汽车；L1—自动操作油门、刹车或方向盘中的一项；L2—自动操作油门、刹车和方向盘中的多项；L3—汽车自动完成大部分驾驶操作，遇到特殊情况会发出提示；L4—汽车自动完成所有驾驶操作，但限定道路环境；L5—真正实现无人驾驶。目前，自动驾驶系统处于 L4 级别，虽然汽车行业投入了巨额成本，但仍未实现真正的人工智能。因此，企业的 AI 化将需要持续很长的时间，企业要一步一步去实现。

企业应如何做才能利用 AI 的变化，打造出自己的相对优势呢？我们的建议是小步快跑，聚焦于特定场景的 AI 化，这样见效快、投资回报率较高。

此时，企业只需要做两个工作：一是梳理特定岗位的场景，二是跟踪大企业 AI 组件的发展趋势。一旦企业的岗位场景与 AI 组件有了匹配度，企业就可以把这个岗位的工作搬入 AI 中，以实现效率的大幅提升。

在企业的信息化过程中，前台系统需要重新改造，中台系统需要重点打造，后台系统需要缩小定制，人工智能需要跟踪实施。巨大的变革在等待着所有信息化从业人员，相信这也是 IT 公司、相关咨询公司的重大机遇。